정신과 의사 정우열의 **감정수업**

정신과 의사 정우열의 **감정수업**

정우열 지음

다산
초당

# 당신의 마음은 안녕한가요

몇 해 전부터 정신분석을 받고 있습니다. 정신과 전문의가 정신분석을 받는다고 하면 놀라는 사람이 많습니다만 많은 정신과 의사의 로망이기도 합니다. 다행히도 제가 정신분석을 받는 데 특별한 사연이 있는 것은 아닙니다. 그저 정신과 의사로서 환자들을 더 잘 이해하기 위한 공부이자 저 또한 평범한 사람으로서 제 감정을 좀 더 내밀하게 들여다보고 싶은 바람 때문이었습니다.

물론 정신분석을 시작하기까지 미적거렸던 건 사실입니다. 누군가에게 나의 감정을 온전히 드러내 보이는 것은 역시나 두려운 일이더라고요. 내 마음을 제대로 알고 싶으면서도 누군가가 내 안을 들여다본다고 생각하면 망설여졌습니다. 정신과 의사인 저도 이러한데 이 일과 아예 동떨어진 사람이라면 더할 것입니다.

상황이 이 지경이 된 데는 내 감정을 인지하고 섬세하게 표현하는 것을 억압하는 사회 분위기도 한몫했을 겁니다. 감정적으로 힘들다고 하면 멘탈이 약한 사람으로 취급받거나 쿨하지 못하다고 여겨지기도 하고요. 그러다 보니 점점 더 나의 감정을 부정하는 데 능숙해지고, 어느 순간에는 아예 감정 컨트롤이 불가능해진 사람도 많습니다. 중년에 휘몰아치는 감정의 소용돌이에 무너지는 사람이 있는 것도 이런 이유에서입니다. 그러나 감정은 인간만큼이나 단순하지 않고 다면적인 양상을 보입니다. 알면 알수록 신비하고 아름답죠. 이런 감정의 다양한 측면을 공부하고 이해하면 삶은 더 확장되고 자유로워질 수 있습니다.

오랜 시간 정신과 전문의로 일해오며 많은 책을 쓰고 읽었습니다. 그리고 그동안 책에서 다루었던 많은 이야기가 결국은 '감정'이라는 큰 주제로 단숨에 꿰어진다는 사실을 깨닫고는 그저 '감성적이고 거추장스러운 것'으로 취급받는 감정의 진짜 쓸모를 증명해 보이고 싶다는 생각이 들었습니다. 감정에 관한 오래된 편견과 선입견부터 깨부숴야겠다는 생각에 쓰기 시작한 글이 하나의 책으로 엮였습니다. 초등학교, 중학교, 고등학교의 정규 교육 과정을 거치는 동안 한 번도 배워보지 못한 감정 공부를 많은 독자와 함께 해보고 싶었습니다.

그래서 이 책은 어른을 위한 감정 안내서입니다. 서른 살의 방황과 마흔 살의 뒤늦은 사춘기를 겪으면서 여전히 길을 잃고 헤매는 분들을 위한 책이기도 합니다. 그분들께 정신과 의사인 제가 드리고 싶은 조언은 단 한 가지입니다. 자기계발을 위한 노력은 잠시 뒤로 미루고, 나의 감정을 살피고 돌보는 일을 가장 우선순위에 둬보자는 것입니다.

삶은 앞길이 잘 보이지 않을 때 가장 힘듭니다. 감정도 마찬가지입니다. 안개 속에 가려진 것처럼 파악할 수 없을 때 가장 힘듭니다. 그래서 감정의 실체를 파악하는 것만으로도 내면의 갈등은 어느 정도 해소되죠. 관찰하고, 수용하면 자연스럽게 내가 원하는 방향으로 뚜벅뚜벅 나아갈 힘을 얻게 될 것입니다.

　이 책을 통해 제가 가장 강조하고 싶은 것은 '감정 인식'입니다. 감정을 인식한다는 것이 도대체 무슨 의미일까요? 바로 나와 마주하는 연습입니다. 나에게 관심을 갖고 매 순간 내 마음이 전하는 메시지를 읽어내는 과정입니다. 타인을 이해하기 위해 노력하고 그들의 감정을 읽으려고 애쓰던 에너지를 나에게로 돌리는 과정이죠. 그러기 위해서는 바쁜 일상에서도 자투리 시간을 활용해 혼자만의 시간을 만끽해야 합니다. 이동하는 차 안에서, 가벼운 산책을 하며… 나만의 시간은 얼마든지 마련할 수 있습니다. 잠깐이라도 무용한 시간을 확보해 나의 마음을 제대로 들여다보는 시간이 필요합니다.
　나의 감정을 예민하게 읽고 보듬어주는 행위는 내 삶의 균형감을 되살려 주고 자기회복력을 높여 스스로 일어나는 힘을 키워줍니다. 나의 감정을 인식하는 것은 누워 있던 몸을 일으켜 세우는 일과 같죠. 다양한 감정들의 양면성을 발견하는 과정은 그 어떤 감정도 두려움 없이 받아들일 수 있는 용기를 갖게 하고 이전보다 더 능동적인 삶을 살아가게 할 것입니다.

　이제는 외면하고 있던 나의 감정과 마주해야 합니다. 서론은 이쯤 하고 본격적으로 감정 공부를 시작해 보려 합니다. 마지막으로 이 책을 읽게 될 여러분에게 늘 묻고 싶은 안부를 전합니다.

　"당신의 마음은 안녕한가요?"

2025년 2월

정우열

차례

1장

## 나는 왜 내 감정이 버거울까?

2장

## 자꾸 나를 탓하는 사람들에게
## 들려주고 싶은 이야기

분노와 화 | 우울 | 불안 | 수치심 | 시기와 질투 그리고 혐오 | 외로움과 소외감

3장

## 긍정에 걸려 비틀거리지 않으려면

기쁨과 즐거움 | 친밀감 | 열정과 흥분 | 자부심 | 연민

4장

# 오늘 하루도 나를 지키는
# 감정 돌보기_ 실천 편

# 나는 왜 내 감정이 버거울까?

# 내 감정이 무엇인지도 모른 채
# 어른이 된 이들에게

얼마 전 아주 인상적인 공익광고 한 편을 보았습니다. 친구로 보이는 중년 남자 두 명이 축구 경기장에서 응원하는 장면으로 시작되는 광고였죠. 두 남자의 표정은 아주 대조적입니다. 한 친구는 활기찬 표정으로 경기 내내 열성적인 응원을 하지만, 다른 한 친구는 침울한 표정으로 우두커니 앉아만 있습니다. 응원하는 팀이 골을 넣어도 크게 환호하지 않고 골을 먹어도 크게 탄식하지 않습니다.

그리고 시간이 흐른 어느 날, 그 응원석의 한 자리가 텅 비어 있습니다. 혼자 경기장을 찾은 남자는 친구의 빈

의자 등받이에 노란색 응원 스카프를 걸어둡니다. 놀랍게도 사라진 친구는 한눈에 봐도 우울해 보였던 남자가 아닌, 그 누구보다 밝은 모습으로 응원하던 남자였습니다. 충격적인 반전 뒤로 작은 글씨의 카피 한 줄이 등장합니다.

'당신 주변의 사람들을 살펴세요(Check in on those around you.)'

세계 정신건강의 날을 기념하기 위해 방영된 이 공익광고는 내 감정을 제대로 받아들이지 못한 채 어른이 된다는 것이 얼마나 위험한 일인지 여실히 보여줍니다. 우울증을 앓고 있던 남자가 그 누구보다 밝고 활기찬 모습을 보인 것은 일종의 방어기제였을 겁니다. 자신의 감정적 상처로부터 스스로를 보호하기 위한 가면 같은 것일 테죠.

비단 이 중년 남자뿐 아니라 현대인 대다수가 이런 강박에 시달리고 있습니다. 타인에게 자신의 감정을 드러내서는 안 된다고 말입니다. 더군다나 우울처럼 부정적으로 느껴지는 감정은 절대 들켜서는 안 되는 치부쯤으로 여깁니다. 그렇게 우리는 저마다 더 깊은 우울감에 빠져들어 가는지도 모릅니다. 서로가 서로에게 감정을 드러내지 않고,

결국에는 모두가 고립되고 마는 아이러니한 상황이죠. 그래서 평소에 자신의 감정을 잘 살피고 이해해 현명한 방식으로 표출하는 것은 우리 모두의 삶에 아주 중요한 과제입니다.

"네가 우울하다고? 왜? 번듯한 직장에 든든한 부모님 지원까지 받잖아. 정말 이해할 수가 없다. 내가 너라면 자존감 떨어질 일도 우울할 일도 없을 거야."

자신의 솔직한 감정 상태를 남들에게 인정받지 못하는 경험이 반복되면 우리는 스스로 감정을 억압하게 됩니다. 이런 말을 계속 들으면 누구라도 더 이상 타인과 내 감정을 공유하고 싶지 않겠죠. 이보다 더 큰 문제는 또 있습니다. 스스로도 자신의 감정에 대해 의구심을 갖게 된다는 점입니다. 이렇게 내가 나의 감정조차 왜곡해 바라보면 점점 더 내 감정을 외면하는 시간이 길어지는데, 이는 몸의 병세를 악화시키는 것과 다르지 않습니다. 결국 정신도 어느 순간 와르르 무너져 회복이 힘들어지니까요. 이러한 상황에 직면하지 않으려면 우선 감정의 속성부터 알아야 합니다.

감정은 지극히 '자연스럽고' '주관적'이며 '현실적'입니다. 이 중에서도 제가 가장 주목하는 속성은 '주관성'입니다. 정신건강의학과 전문의 정혜신 교수의 책 『당신이 옳다』와 정신분석 전문의 김혜남 교수의 책 『서른 살이 심리학에게 묻다』에서 공통으로 전하는 메시지가 바로 이것입니다. 당신이 어떻게 느끼든 그것이 옳다, 당신은 언제나 옳다. 감정은 타고나는 것이며 개인의 고유한 성정과도 같습니다. 즉 너무나 소중한 '나만의 것'이므로 누군가의 인정을 받을 필요가 전혀 없죠. 내가 슬프면 그것이 옳고, 내가 화나면 그것이 옳고, 내가 우울하면 또 그것이 옳은 것입니다. 그러나 놀랍게도 저를 찾아온 내담자 대부분이 자신의 감정을 의심합니다.

"선생님, 제가 진짜 우울한 게 맞을까요? 저만 유난스럽게 느끼는 거 같아서요."

"이 정도 일로 이만큼이나 화가 나는 게 정상일까요? 아무래도 저는 너무 예민한 사람 같아요."

그때마다 저의 답변은 한결같습니다.

"아닙니다. 내가 그렇게 느낀다면 그 감정은 틀리지 않습니다."

사람들은 자기 감정에 자꾸 의구심을 갖고 타인에게 늘 확인받고 싶어 합니다. 자신의 감정 상태를 외면하거나 부정적으로 여기면서 오랫동안 방치하고 학대해 온 것이죠. 이렇게 자신의 솔직한 감정을 부정하는 패턴이 반복되면 타인의 판단이나 평가에 지나치게 의존하게 되고, 그렇게 서서히 자존감이 무너집니다. 내가 느끼는 감정이 틀렸다고 생각하니 자꾸 남들의 눈치를 보게 되고, 그들에게 이리저리 휘둘리며 마음의 크기가 한없이 쪼그라들죠. 그러나 내 마음은 내 것입니다. 내가 그렇게 느낀다면 그게 맞습니다. 사회에서 감정을 솔직히 드러내는 것을 터부시한다 해도, 내 감정을 터놓았을 때 원치 않던 반응이 돌아온다 해도 당신의 감정이 틀린 것이 아니라는 걸 기억하세요. 감정은 주관입니다.

이어지는 감정의 두 번째 속성은 '현실성'입니다. 의외로 많은 사람이 감정을 형이상학적인 것, 현실의 삶과는 동떨어진 무언가로 인식합니다. 우리에게 감정은 내 삶을 성공으로 이끌거나 극적으로 변화시키거나 폭발적으로 성장시키는 요소가 아니죠. 그저 알면 좋고 몰라도 큰 문제가 없는 교양 같은 것입니다. 그러나 감정은 지극히 현실적이고 실용적인 도구임이 분명합니다. 감정에 우리의 하루하루는 대책 없이 끌려다니니까요. 감정에 따라 우리 세상의 색깔이 바뀌고 우리의 행동도 달라집니다. 그리고 이렇듯 하루에도 수백 번씩 바뀌는 감정이 오랜 시간 동안 일정한 흐름을 형성하면 고유한 '정서'가 됩니다. 이는 개인이 특정한 행동을 할 때 맞물리는 감정들의 패턴으로, 내적 동기의 주요한 요인이 되며 삶을 살아가는 개인의 태도를 형성하는 데 근간이 되죠.

감정과 정서는 우리 삶에 결정적 영향을 미칩니다. 가령 회사에서 상사로부터 업무 지시를 받았다고 생각해 볼까요? 평소 감정이 좋지 않던 상사의 업무 지시를 받았다면 어떨까요? 말로는 "네, 알겠습니다"라고 답하겠지만 하기 싫은 마음을 숨길 수 없어 표정으로 다 드러날 것입니다. 상사 역시 팀원의 감정을 다 읽어냅니다. 이때부터 두 사람의 마음속에는 다양한 감정이 요동칩니다.

'상사가 중요한 일을 시키면 열심히 하겠다고 해도 시원찮을 판에 저런 석연치 않은 표정이라니. 영 마음에 안 들어. 다음 프로젝트에서는 저 친구를 제외해야겠군.'

'젠장, 오늘부터 야근이네. 마감이 임박해서 떠넘기다 시피 일을 주는 이유가 뭐지? 내가 싫어서 저러는 거겠지? 하, 진짜 하기 싫다.'

일을 받자마자 반감부터 들고 하기 싫은 마음을 떨칠 수 없는데 좋은 결과물이 나올 수 있을까요? 이성적으로 생각하면 중요한 일을 맡았으니 열심히 해야겠다고 마음 먹어야 합니다. 그러나 현실은 그렇게 녹록지 않죠. 감정은 일의 목적과 개인의 업무 능력과는 별개로, 일의 흐름과 두 사람의 관계 모두에 큰 영향을 미칩니다. 물론 반대의 경우도 있습니다. 순식간에 의욕을 불러일으키고, 긍정적인 에너지를 끌어올려 불가능한 일을 가능케 하는 것도 결국 감정입니다. 감정은 우리 삶의 순간순간마다 일종의 눈덩이 효과를 불러오거나 물길의 방향을 바꾸는 식의 결정적 역할을 합니다. 더 이상 감정이 현실에 영향을 미치지 못하는 형이상학적인 무언가라고 볼 수 없는 이유입니다. 그러니 생각보다 강력한 감정의 힘을 제대로 활용하기 위해서는 역시 내 감정을 잘 인식하고 표현하는 게 중요합니다.

이런 감정의 마지막 속성은 '자연스러움'입니다. 의대

본과 3학년, 처음으로 수술방에 들어갔을 때의 일입니다. 전날 밤에는 떨리고 긴장되어서 잠도 제대로 자지 못했죠. 환자의 생명을 좌지우지하는 가장 중요한 치료 과정을 직접 경험한다는 중압감에 잔뜩 위축되었습니다. 그러나 막상 수술하는 과정과 환자의 회복 과정을 지켜보면서는 의사의 역할에 대해 생각이 조금 달라졌습니다. 의사의 정확한 진단과 수술 실력이 생사의 갈림길에서 사람을 살리는 중요한 요소인 것은 맞지만, 그보다 더 중요한 게 있다는 걸 알게 되었죠.

위암 수술을 예로 들면 의사의 역할은 암 부위를 포함해서 좀 더 넓게 위의 일정 부분을 잘라내고 봉합하는 것입니다. 그런데 진짜 중요한 것은 수술 후, 절제하고 봉합해 놓은 부위가 잘 붙어서 다른 장기와 유기적으로 작동하는지 여부입니다. 즉 사람에 따라 그 결과는 천차만별이라는 의미입니다. 치료하는 것과 치유되는 것은 같은 범주에 있다고 볼 수 없습니다. 꿰맨 자리가 빠르게 붙으면서 새로운 조직이 생성되어 음식물이 통과하는 데 아무런 문제가 없는 사람이 있는가 하면, 제아무리 천의무봉의 솜씨를 가진 의사에게 수술을 받아도 회복이 더디거나 재발하는 사람도 있기 마련입니다. 환자의 건강 상태나 자기 회복력에 따라서 수술 경과는 달라질 수밖에 없습니다.

그때 저는 깨달았습니다. 의사는 우리 몸 안에서 부자연스럽게 작용하는 요소를 없애고 몸이 다시 자연스러워질 수 있도록 돕는 '조력자'라는 것을 말입니다. 정신과 전문의가 된 후에도 의사의 역할에 대한 제 생각은 변하지 않았습니다. 인간이란 존재는 본연의 자연스러움을 유지하는 것이 가장 중요해서 이것을 억압당할 때 문제가 터지기 마련입니다. 그래서 정신과 전공을 선택한 후에는 마음이 힘든 사람들에게 '나다운 자연스러움'을 회복할 수 있도록 도와주는 조력자가 되어야겠다고 마음먹었습니다.

정신과 진료에서도 가장 중요한 요소는 역시나 내담자입니다. 자신의 감정을 수용하고 보듬어주는 사람은 결국 자기 자신이어야 하기 때문이죠. 그래서 정신과 의사와 상담사의 역할은 사람을 개조하고 설득하는 게 아니라, 저마다의 자연스러움을 회복하도록 돕는 것입니다. 정신분석도 마찬가지입니다. '정신분석'이라고 하면 왠지 사람의 마음을 체계적으로 분석하고 교정하는 행위 같습니다만, 오히려 정반대입니다. 자연스럽지 않았던 감정의 흐름이 자연스러워질 수 있도록 그저 길을 터주는 작업을 아주 천천히 오랫동안 해내는 것이 바로 정신분석입니다. 정신과 의사의 가장 중요한 덕목으로 '말하고 싶어도 참고 들어주는 것'을 꼽는 이유도 여기에 있습니다.

의사는 내담자의 감정을 마치 고고학자가 유물을 발굴하듯이 살살 다루어야 합니다. 마구 파헤치면 내담자는 상처받고 둘 사이의 관계도 망가집니다. 이는 정신과 의사에게만 해당되는 이야기가 아닙니다. 누구나 자신의 감정을 살뜰하게 다루어야 하듯이 타인의 감정도 귀하게 여기고 조심스럽게 다루어야 합니다.

사람은 누구나 성공을 갈망합니다. 그러나 그것만큼이나 중요하게 생각해야 할 것이 있습니다. 바로 자신의 삶이 바람직한 방향으로 나아가고 있는지 확인하는 것입니다. 그렇다면 지금 내가 향하고 있는 삶의 방향이 옳은지는 어떻게 알 수 있을까요? 저는 그 기준을 '내가 나의 감정에 얼마나 가까워지고 있는지'로 잡을 수 있다고 생각합니다. 감정의 속성인 주관성, 현실성, 자연스러움은 인간이라면 누구나 추구하는 행복한 삶의 근간이기 때문입니다. 무엇보다 자신의 감정을 외면한 채 앞만 보며 내달리다 보면 어느 순간 밀려오는 낯선 감정에 속수무책으로 무너지는 때가 오고 맙니다. 이런 내면의 카오스에 빠지지 않으려면 더 늦기 전에 자기 마음속에 존재하는 감정들의 실체와 쓸모를 공부해야 합니다.

초등학교, 중학교, 고등학교를 거치는 정규 교육 과정 중에서 '감정'에 관해 배울 수 있는 시간은 전무합니다. 그런 시간의 부재가 지금 '마음이 아픈 사람들'을 만들어냈다고 생각합니다. 우리는 모두 어딘가 결핍된 사람들이기에 더더욱 나의 결핍이 만들어낸 내 안의 감정을 쓸모 있는 무언가로 여기며 꾸준히 배우고 익혀야 하는데, 그 방법을 알려주는 사람이 없었던 것입니다. 그것이 이제라도 우리가 감정을 공부해야 하는 이유일 것입니다. 내 삶의 열쇠를 쥐고 있는 감정이 늘 옳고, 그리하여 언제나 자연스럽게 존재해야 한다는 것을 알아야 합니다.

# 생각을 바꾼다고
# 삶은 달라지지 않는다

"요즘은 주로 어떤 감정을 느끼세요?"

"뭐, 늘 똑같습니다. 머릿속이 개운한 날이 별로 없고 힘듭니다."

"구체적으로 어떤 감정 때문에 힘드신가요?"

"앞으로 어떻게 살아가야 하나… 그 고민 때문이죠."

이 대화에서 어떤 점이 이상하게 느껴지시나요? 저는 분명 '감정'에 관해 물었는데, 상대방은 감정이 아닌 자신이 처한 '상황' 혹은 그것과 연관된 '생각'을 이야기하고 있습니다. 저를 찾아오는 내담자뿐 아니라 지인과 이야기를 나눌 때도 흔히 겪는 일입니다. 이처럼 대부분은 감정과 생각의 차이를 잘 구분하지 못해서 부정적인 감정과 생각, 우울한 생각과 감정을 뒤섞어서 받아들이곤 합니다.

'요즘 너무 답답합니다'라는 말에는 '감정'이 담겨 있습니다. 그러나 '어떻게 살아야 하나 고민입니다'라는 말에는 이성적 판단과 연관된 '생각'이 드러나 있습니다. 여러분도 평소 대화 내용이나 상황을 떠올려 보세요. 이 두 가지를 구분하지 않은 채 대화하는 경우가 의외로 많습니다. 평소에 우리가 감정과 생각을 구분해서 판단하고 말하는 훈련을 하지 않기 때문이죠.

생각과 감정은 우리 마음속에서 굉장히 중요한 두 가지 축입니다. 물론 생각은 뇌의 대뇌피질이 담당하지만, 감정은 뇌의 중심부에 있으며 일명 '감정 뇌'라 불리는 변연계가 담당한다는 점에서 차이가 있습니다. 생각과 감정은 뇌의 구조상으로 다른 영역에서 작동하는 것이죠. 생각은 특정 상황을 파악하여 논리적이고 체계적으로 추론하는 역할을 하고, 감정은 지극히 본능적인 영역입니다. 동물이 천적을 본 순간의 행동을 떠올려 보세요. 마주치자마자 공포를 느껴 도망가는 행위는 어떤 논리적 판단에 근거한 것이 아닙니다. '생각할 겨를이 없는' 무의식적인 행동이죠. 마찬가지로 인간이 분노와 불안, 서운함과 슬픔, 기쁨과 질투의 감정을 느끼는 것도 본능입니다. 고소 공포증과 물 공포증이 느껴질 때 머릿속으로 '괜찮아, 무섭지 않아. 다른 사람들도 아무렇지 않으니까 나도 괜찮을 거야'라고 아무리 논리적으로 생각해 보려 애써도 아무 소용이 없는 것과 마찬가지입니다. 공포는 순식간에 몰아쳐 우리를 잠식하는 위력이 있죠.

이처럼 생각과 감정은 발생의 근원부터 우리 일상에 미치는 영향까지 많은 것이 다릅니다. 그러나 그동안 우리는 생각이 감정보다 우선시되는 걸 당연하게 여겨왔습니다. 감정을 드러내는 걸 열등한 행위로 취급하기도 합니다. '감정적인 사람'과 '이성적인 사람'이라는 표현을 듣고 그려지는 이미지를 서로 비교해 볼까요? 여러분이라면 주변 사람에게 어떤 사람으로 평가받고 싶은가요? 대부분이 감정적인 사람보다는 이성적인 사람으로 보이길 원할 겁니다.

그러나 감정은 그렇게 홀대받을 존재가 아닙니다. 누

군가에게 들킬까 봐 감추고 터부시해야 할 게 아니라 아주 잘 표현하고 읽어내야 할 대상이죠. 감정을 인정하지 않으려고 하면 할수록 삶은 더 고달파질 뿐입니다. 얼마 전 예능 프로그램「유 퀴즈 온 더 블록」에 출연한 김주환 교수의 말을 이 경우에 응용해 보자면, 내 감정을 이해하고 받아들이는 삶보다 외면하고 억누르는 삶이 훨씬 더 힘들 것입니다. 그가 말했던 것처럼 저 또한 확신할 수 있습니다. 감정을 인정하고 그것이 자연스럽게 내게 찾아왔다가 사라지는 흐름을 타면 삶은 훨씬 더 수월해집니다. 이것이 바로 건강한 '감정 해소'입니다.

우리가 대수롭지 않게 여기는 이 감정 해소는 우리 인생에 아주 큰 동력이 됩니다. 자기계발을 위해 아무리 노력해도 삶이 바뀌지 않는다면 해답은 이제 감정 해소에서 찾아야 합니다. 감정적으로 자유로움을 느끼면 성장에 대한 자발적 욕구가 생겨나고, 이때부터는 쉽게 좌절하지도 않습니다.

인생은 누군가의 조언을 듣거나 혹은 생각을 바꾼다고 해서 쉽사리 달라지지 않습니다. 물론 자기계발에 성공했다고 자부하는 이들 중 감정을 금기시하고 '이성이 감정에 지배당하지 않도록 늘 경계해야 한다'고 주장하는 사람도 있기는 합니다. 요즘 유행하는 MBTI만 생각해 봐도 T형을 더 우월한 존재, 성공한 사람의 표본처럼 여기며 F는 상대적으로 약하고 열등한 존재, 즉흥적인 사람처럼 여긴다는 느낌이 듭니다. 그런데 과연 정말 그럴까요?

이성이 감정보다 우월하다는 것은 고정관념입니다. 우리는 이성의 힘으로 자신을 통제하면 자기 주도적인 삶을 살면서 성공한 사람이 될 수 있을 거라고 믿지만 실제로 이 과정이 그렇게 간단치만은 않습니다. 행동 경제학에서도 인간의 행동에 대한 이 근원적인 가정에 의구심을 표했죠. 한 학자는 "인간의 행동이 '이성과 감정이라는 두 마리 말에 이끌리는 쌍두마차'라는 비유는 옳지만, 이성은 작은 조랑말일 뿐이고 감정은 커다란 코끼리만 하다"라고 주장했습니다.

그렇다면 이 커다란 코끼리를 요리조리 잘 데리고 다니며 나의 삶을 제대로 꾸리려면 어떻게 해야 할까요? 생각과 감정이 전혀 다른 무언가라는 사실부터 깨달아야 합니다. 이 둘을 완벽히 분리할 수 있다면 더 좋고요. 정신과 의사들은 레지던트 1년 차에 이 훈련을 아주 많이 합니다. 입원 내담자들의 경우 약물치료를 하면서 정기적으로 의사와 면담을 합니다. 그때 내담자는 대부분 증상에 관해 이야기하죠.

"요즘 통 입맛이 없어서 밥도 잘 안 먹고 잠도 잘 안 와요. 뭘 해도 집중이 안되고 기운도 없어요."

"자꾸만 생각이 부정적인 쪽으로 기울어요. 갑자기 확 불안하고 별거 아닌 일에 크게 놀라기도 하고요. 가만히 있어도 긴장감이 느껴지는데 어떻게 해야 할지 잘 모르겠습니다."

내담자는 이렇게 자신이 느끼는 바를 두서없이 뒤섞어 말합니다. 그러면 레지던트는 내담자의 이야기를 생각, 감정, 행동이라는 세 가지 영역으로 나누어서 재정리합니다. 잠을 못 자고 잘 먹지 않는 것은 '행동', 몰입할 때 집중이 되지 않는 것은 '생각', 예민하고 불안한 것은 '감정'입니다. 이렇게 정리하면 세 가지 축으로 내담자를 살펴볼 수 있습니다. 이 세 가지가 동시에 좋아지는 게 가장 좋은 경우지만, 내담자 대부분은 어느 하나가 먼저 호전된 후 나머지 영역이 좋아지는 것이 일반적입니다.

이 중 가장 늦게 호전되는 것은 어느 영역일까요? 바로 행동입니다. 그래서 가족들은 내담자가 호전되고 있다는 사실을 체감하기 어렵죠. 사실 이때 중요하게 살펴봐야 할 것은 내담자가 얼마나 자기 자신과 가까워져 있으며, 자기 생각과 감정을 잘 인식해 가고 있느냐입니다. 그런데 대개는 행동에만 주목해서 치료받아도 별반 달라지지 않는다며 의사와 내담자를 탓하곤 합니다. 가족조차도 행동만으로 내담자의 경과를 섣불리 판단하는 모습을 볼 때마다 의사로서 참 안타깝습니다.

마음에 큰 상처를 입고 감정의 흐름이 부자연스러워진 사람들은 치료를 받는다 해도 금세 행동이 달라지지 않습니다. 내면에서 조금씩 융통성과 균형감을 채워가며 본연의 자연스러움을 회복한 후, 서서히 행동이 바뀌어 가는 것이죠. 그 시간을 기다려주지 않고 다그치면 조금씩 열리던 마음의 문은 다시 철컥하고 닫혀버립니다. 사람을 대할 때는 모두 마찬가지입니다. 당장의 행동만으로 전체를 판단하기보다는 그의 내면이 어떤 상태인지 파악하는 게 더 중요합니다. 행동은 표면으로 드러난 일부이기 때문에 수면 아래에 내재한 더 깊고 다양한 생각과 감정을 읽어내려 애써야 합니다.

저 역시 상담을 할 때 내담자들에게 생각, 감정, 행동을 구분해서 말해보라고 요청합니다. 이 과정을 꾸준히 하다 보면 어느 순간 스스로 특정한 상황에서 이 세 가지의 차이를 명확히 인식하게 됩니다. 이렇게 생각, 감정, 행동을 구분해 내는 것만으로도 자기 마음이 선명하게 와닿기 시작하죠.

물론 일상에서 생각, 감정, 행동을 구분하는 사람은 많지 않습니다. 생각과 감정의 차이조차 모르는 것이 현실입니다. 가장 일반적인 오해가 '불안'과 '걱정'을 같은 의미로 인식하는 경우입니다. 그러나 불안은 '감정'이고, 걱정은 '생각'입니다. 불안은 정신의학과에서 가장 많이 쓰는 용어지만 가장 막연한 용어기도 합니다. 구체적으로 설명하기가 참 어려워요. 그냥 느껴지는 것이니까요. 그러나 걱정은 충분히 설명할 수 있습니다. 걱정은 일종의 시나리오와 같기 때문입니다. 머릿속으로 이런저런 상상을 하면서 시나리오를 쓰는 것, 즉 걱정은 일종의 콘텐츠입니다. 또한 불안은 '현재형'이지만 걱정은 앞으로 벌어질 일들에 대한 것이므로 '미래형'입니다.

예를 들어 공부를 많이 하지 않아서 다음 중간고사 시험 점수가 형편없을 것 같다는 생각이 든다면 이것은 걱정입니다. 구체적인 콘텐츠로 설명이 가능하니까요. 반면에 불안은 그냥 느껴지는 것이기에 명확히 설명하기가 어렵습니다. 문제는 우리가 이런 걱정 콘텐츠를 하루에도 몇 개씩 스스로 만들어내면서 불안이라 여기고 방치하는 데 있습니다. 걱정과 불안을 구분하지 못하고 끊임없이 걱정거리를 만들어내면 불안의 강도는 높아질 수밖에 없습니다.

앞서도 언급했듯이 감정은 이성보다 우리 삶에 더 큰 영향을 미칩니다. 중요한 결정과 그에 따른 행동은 전적으로 이성을 기반으로 이루어지지 않으니까요. 오히려 감정에 의해 결정되는 경우가 더 많습니다. 인간은 오랜 시간 쌓아온 감정 상태를 바탕으로 자신의 마음이 조금 더 편안한 방향으로 결정을 내립니다. 그리고 무의식적 또는 반사적으로 행동하곤 하죠. 그래서 평소 나의 감정 상태와 흐름을 잘 이해하고 있어야 결정적인 순간에 현명한 선택이 가능합니다. 그러기 위해서는 특정한 상황에서 생각과 감정을 구분할 수 있어야 하고요. 이것만 잘해도 삶은 질적으로 달라집니다.

마찬가지로 내 감정을 잘 이해하고 흐름을 탈 줄 아는 사람이 타인의 감정도 잘 읽어내고 공감할 줄 압니다. 평소 주변에 '저 사람 참 매력적이야!' 하고 느끼는 사람이 있었다면 그 이유를 떠올려 보세요. 출중한 외모와 탁월한 능력 외에 태도도 주요한 요인일 것입니다. 특히 '자연스러움'은 호불호 없이 누구나 좋아할 만한 것이죠. 이 자연스러움도 이성보다는 감정과 더 깊은 연관이 있습니다.

연애할 때도 그렇습니다. 책에서 배운 내용, 누군가의 조언 혹은 세상의 잣대에 기대는 사람과 자신의 감정을 제대로 읽고 상대의 감정까지도 보듬을 줄 아는 사람 중 어느 쪽이 상대의 마음을 얻을 확률이 더 높을까요? 당연히 후자입니다. 생각은 비우고 감정에 집중해 보세요. 그러면 말과 행동이 자연스러워져서 별다른 애를 쓰지 않아도 사람들의 호감을 얻을 수 있을 것입니다.


저는 두 아이의 아빠입니다. 우연한 기회에 시작된 전

업 육아 이후로 주 양육자 역할을 했는데, 특히 저의 관심과 전문성이 반영된 안정적인 정서 함양을 위해 애쓰고 있습니다. 그 과정에서 제가 절감하는 것은 아이들이 이성적인 자극을 통해서 성장하는 데는 한계가 있다는 점입니다. 물론 어른도 마찬가지입니다. 도저히 이룰 수 없을 것 같은 엄청난 성취를 기필코 이루어내는 일은 이성의 힘만으로는 가능하지 않은 경우가 많습니다.

무언가를 끝까지 해내는 사람에게는 남들이 이해할 수 없을 정도의 열정과 불굴의 의지가 작용했을 것입니다. 그리고 그것은 분명 이성이 아닌 감정의 힘입니다. 좋은 습관을 만들고 행동을 교정하는 것만으로는 부족합니다. 그것은 일종의 조련에 불과합니다. 요즘은 강아지나 고양이의 조련도 옛날처럼 하지 않습니다. 정서적인 측면에서 접근하려고 노력하죠. '당근과 채찍' 방식도 일종의 조련이라고 볼 수 있습니다. 이는 조직을 변화시키기 위한 행동주의적 관점의 전략인데, 최근에는 그 이면에 숨은 정서에 더 중점을 두는 경향이 강합니다.

성공한 사람들에게서 그 비결을 찾을 때도 이성적 측면이 아니라 감정적 측면에서 접근해 보려는 노력을 기울여보세요. 탁월한 자기관리 능력과 강한 멘탈 또는 남다른 학습 능력 등에만 초점을 맞추지 말고 그가 얼마나 감정적으로 자연스러운 사람인지, 감정을 대하는 태도는 어떠한지를 살펴볼 필요가 있습니다.

감정이 안정적이고 편안할 때는 개개인의 역량이 최대치로 발현됩니다. 다른 감정적 문제를 해결하기 위해 한정된 에너지를 나누어 쓰지 않아도 되기 때문이죠. 즉 온전히 자신의 목표에 몰입할 수 있는 상태에 이른 것입니다. 반면에 감정적으로 힘든데 해소는 안되고, 스트레스 때문에 압박감까지 느끼는 상황에 처한다면 어떨까요? 이 경우 동력은 점점 더 떨어지고 불안감은 커져서 더 이상 무엇에도 몰입할 수 없는 악순환에 빠지고 맙니다.

성적은 올리고 싶지만 공부에 집중이 안되고, 성과는 내야 하는데 스스로 한계를 정해버리고, 출근은 해야 하는데 아침에 눈 뜨는 순간순간이 괴로워지는 것이죠. 이런 상황에 처한 사람에게 의지를 갖고 극복해 보라는 조언은 무의미합니다. 그렇다면 이런 상황에서는 어떤 도움이 필요할까요? 합리적인 말로 설득하거나 다그치기보다는 그들이 감정을 자연스럽게 해소할 수 있도록 이야기를 들어주고 적절히 반응해 주는 것이 중요합니다. 감정은 그 실체가 안개 속에 가려져 있을 때 가장 힘들다고 했습니다. 그러므로 솔직하게 드러내 말하는 과정에서 스스로 감정의 실체를 파악할 수 있도록 도와주는 것이 최선입니다.

인정하기 싫지만 우리는 모두 '답정남', '답정녀'입니다. 누구나 자기 안에 이미 답을 갖고 있죠. 그래서 주변의 조언과 강요는 사람을 변화시키는 데 분명한 한계가 있습니다. 그보다는 자신만의 답을 찾아가거나 구체적으로 실행할 수 있도록 복잡한 감정의 실타래를 잘 풀어주는 것이 더 큰 도움이 됩니다. 사람은 감정 해소만 잘되면 알아서 자신이 옳다고 믿는 방향으로 나아가고, 문제 상황도 잘 해결할 수 있습니다. 그래서 '감정을 해소하면 인생을 바꿀 수 있다'라는 말은 과장이 아닙니다.

물론 한 가지 우려되는 점은 있습니다. 이때의 감정을 부정적으로만 해석해서 그로 인해 유발된 갈등을 해결하면 성공하고, 그러지 못하면 실패한다는 식으로 이해할 수 있기 때문입니다. 그러나 제가 강조하고 싶은 것은 감정을 해소하는 일 '자체'가 아니라 그 '과정'의 중요성입니다. 앞서 언급했듯이 감정을 해소하기 위해서는 우선 감정을 인식해야 하는데, 이는 생각과 감정을 구분하는 것에서부터 출발합니다. 그리고 우리가 그간 '부정적 감정'과 '긍정적 감정'이라 구분해 왔던 개별 감정들의 실체를 파악해야 합니다. 감정을 부정적, 긍정적으로 구분하는 건 매우 어리석은 일이죠. 이 이야기는 2장과 3장에서 조금 더 본격적으로 이어나가려고 합니다.

## 서핑하듯 감정의 파도를 타라

요즘은 우리나라 바닷가에서도 파도를 타는 서퍼들의 모습을 흔히 볼 수 있습니다. 하얀 물거품을 일으키며 밀려오는 파도에 몸을 실은 서퍼들을 보면 누구나 한 번쯤은 서핑을 해보고 싶다는 충동을 느낄 테지요. 저 역시 그 매력적인 모습에 반해 서핑을 배운 적이 있습니다. 파도를 타는 것이 얼마나 힘든 일인지 깨닫고는 사흘 만에 포기하고 말았지만요.

그렇게 서퍼의 꿈은 내려놓았지만 온몸으로 파도를 맞으면서 아주 큰 깨달음 하나를 얻었습니다. 제가 평소에 중요하게 생각하는 감정을 대하는 태도가 서퍼들이 파도를 대하는 방식과 놀라울 정도로 비슷했기 때문입니다. 실제로 해보기 전에는 서핑이 파도를 헤쳐나가는 운동이라고 생각했는데 그 편견은 단번에 부서졌습니다.

"파도의 위력은 말려보면 알아요. 저희는 이걸 '통돌이 당한다'라고 말해요. 이렇게 되면 순식간에 물속에 처박혀서 보드가 부러지고 다치게 돼요. 노련한 서퍼들은 자신이 파도를 이길 수 있다는 생각은 하지도 않죠. 그저 파도에 맞게끔 타려고 애쓰는 것입니다."

서퍼이자 유튜브 「킵서핑」 채널을 운영하는 김아영 씨의 말입니다. 제가 운영하는 채널에 초대해서 함께 이야기를 나누었는데, 그때 감정과 파도의 닮은 점이 너무 많아서 서로 놀라워했던 기억이 있습니다. 그날 꽤 긴 시간 이야기를 나누며 다시 서핑에 도전하고 싶다는 생각도 들었습니다.

가장 인상 깊었던 이야기는 베테랑 서퍼의 조건입니다. 그들은 결코 자신의 실력을 믿고 파도에 맞서거나 파도를 거스르지 않는다고 합니다. 대신 불규칙한 움직임으로 넘실대는 파도를 기민하게 살피는 데 집중합니다. 그러면서 지금 밀려오는 저 파도는 내가 탈 수 있는 파도일까 아닐까를 고르는 것이죠. 이것이야말로 진정한 서핑 실력이라고 합니다. 그래서 서핑은 파도를 타는 시간보다 기다리는 시간이 훨씬 깁니다. 2시간 동안 바다에 나가 있어도 정작 파도 위에 서 있는 시간은 3분 남짓이고, 한 번에 10초 이상 타면 잘 타는 거라고 합니다.

서퍼들 사이에서는 이런 관찰 행위를 '물잠'이라는 용어로 대신합니다. 내가 탈 수 있는 파도인지 어느 방향으로 가는 파도인지 관찰하거나 다른 사람이 타는 파도를 바라보는 행위를 의미하죠. 서핑할 때는 파도를 잘 타는 기술보다 파도를 잘 고르는 기술이 더 중요하기 때문입니다. 사실 이런 물잠은 물 밖 세상에서도 필요합니다. 감정을 다룰 때 말이죠.

우리의 마음에는 하루에도 수없이 다양한 감정이 오갑니다. 그 감정이 미치는 여파도 제각각이죠. 같은 감정이라도 사람마다 느끼는 충격이 다르고요. 그래서 자신이 잘 탈 수 있는 파도를 기다리는 서퍼처럼 내가 어떤 감정을 온전히 느끼고, 그 감정에 어떻게 반응하는지 실제 경험치를 스스로 관찰하는 과정은 대단히 중요합니다. 이성으로 감정을 억누르고 이기려고만 하지 마세요. 이때는 다양한 감정에 반응하는 나 자신에게만 집중해 보는 것이 중요합니다.

서핑할 때 파도를 거스르는 순간 어색한 움직임이 나오고 균형을 잃듯이 감정도 이기려고 하면 오히려 독이 됩니다. 파도처럼 밀려오는 감정에 몸을 맡겨보면 훨씬 더 자연스러운 움직임이 나올 것입니다. 만약 파도에 올라타지 못하겠다면 그 파도가 나를 통과해서 지나가도록 두세요. 자연스럽게 떠오르는 감정에 저항하지 마세요. 억지로 긍정적인 생각을 해서 좋은 감정을 가져보려 해도 달라지지 않을 것입니다.

우리는 자기 감정을 그저 관찰하기만 하면 제대로 대처하지 못한다는 생각에 조급해지곤 합니다. 빨리빨리 극복하고 이 감정에서 빠져나와야 한다고 스스로를 다그치죠. 그러나 온몸으로 파도를 맞아보듯이 감정을 깊이 경험하고 나면 그만큼 그것에 관해 잘 알게 되고, 이런 경험이 반복되어 내 안에 쌓이면 다양한 감정을 여러 상황 속에서도 잘 다룰 수 있게 됩니다.

운동할 때는 다양하게 몸을 써봐야 자신에게 맞는 운

동을 제대로 파악할 수 있고, 악기도 '삑사리'를 내봐야 제대로 된 소리를 낼 수 있습니다. 슬픔과 우울처럼 부정적으로 인식되는 감정도 제대로 겪어봐야 똑바로 인식하고 해소할 수 있죠. 그런데 대부분은 그 과정을 못 참습니다. 일단 괴로운 상태가 계속되면 자신에게 엄청난 문제가 생길 것만 같은 위협감마저 들기 때문입니다. 이 감정이 영원히 지속될 것 같다는 느낌도 받게 됩니다. 그래서 이런 감정을 억지로 떨쳐내기 위해 긍정적인 생각을 해보는 건 물론, 텐션도 끌어올리고 심지어는 일부러 쾌락을 추구해 보기도 합니다.

그러나 이렇게 내가 받아들이기 쉬운 감정과 받아들이기 어려운 감정을 고르다 보면 본연의 마음과 표면적인 행동의 격차가 커져서 말과 행동이 점점 더 부자연스러워집니다. 그러다 보면 평소보다 더 많은 에너지를 소모해야 하므로 빨리 지치기 마련이죠. 자신의 감정을 억누르며 아닌 척 가면을 쓰고 사는 과정에서 우울감이 더 깊어지는 '가면 우울증'에 빠지기도 합니다. 가면 우울증이란 자신의 무의식은 우울한데 의식적으로 아닌 척하면서 웃어 보이는 형태의 우울증입니다. 평생 그렇게 살 수 있다면 큰 문제야 없겠지만 그 간극이 커져서 임계점에 이르면 꾹꾹 눌러놓았던 감정이 비집고 나와 흘러넘치면서 더 이상 제어가 안 되는 '멘붕' 상태에 이릅니다. 사람에 따라서는 이 시기에 인생의 엄청난 좌절을 겪게 되죠.

타인에게 늘 좋은 모습, 즐거운 모습만 보여야 하는 사람이라면 더욱 그렇습니다. 자신의 솔직한 감정을 제대로 인지할 수 없을 정도로 외면하다 보니 밝은 척 더 과장된 행동만 보일 뿐입니다. 이런 왜곡된 긍정심리에 지나치게 경도된 사람 중에는 갑자기 한계를 넘어서는 좌절감이 찾아왔을 때 그 감정을 제대로 처리하지 못해서 생을 마감하는 사람도 있습니다.

그렇다면 우리는 대체 왜 슬픔이나 우울 같은 감정을 부정하려고만 하는 걸까요? 기본적으로 모든 감정에는 우열이 없고, 불필요한 것도 없는데 말입니다. 의학적으로 우리 몸에 불필요한 요소가 하나도 없는 것처럼 감정도 그렇습니다. 사람들이 힘들어하는 감정인 분노, 슬픔, 우울도 모두 우리 삶에 존재하는 나름의 이유가 있으며 심지어 매우 필요한 것들입니다. 이는 진화심리적, 정신분석학적으로도 설명이 가능합니다.

우울감을 예로 들어보겠습니다. 우울이라는 감정은 사람의 에너지를 떨어뜨리고 처지게 합니다. 우울감을 느끼는 사람은 평소보다 행동이 더뎌지고, 생각이 부정적인 방향으로 치우쳐 당장은 하루하루가 힘들 것입니다. 그런데 우리가 종종 우울감을 느끼는 데는 다 이유가 있습니다. 우울은 내 마음과 무의식이 나에게 보내는 일종의 신호이기 때문입니다. 특정 상황에서 평상시보다 더 큰 우울감이나 슬픔을 느낀다면 내 마음이 그런 신호를 보내는 이유를 먼저 찾아내야 합니다.

일례로 너무 앞만 보고 달려온 사람에게는 어느 정도 '꺾임'도 필요하다는 신호와 같습니다. 잠시 쉬어 가라는 의미죠. 실제로 상담을 해보면 우울감 때문에 힘들어하는 사람의 대부분이 이런 경우입니다. 그런데 안타깝게도 대다수 내담자는 우울을 이런 의미로 받아들이지 않습니다. 자신이 큰 좌절에 직면했다고만 인식하는 경우가 많았습니다. 타인의 시선도 마찬가지고요. 그러나 우울은 인생의 전환점이 되는 경우가 더 많다는 사실을 잊지 않았으면 합니다. 그동안 살아온 패턴을 교정해서 더 나은 삶을 살아가는 계기가 되는 것이죠.

무의식이 내게 보내는 신호는 제대로 읽을 생각도 안 하면서 괴로운 감정에서 그저 빨리 빠져나오고 싶다는 생각에만 몰두한다면 상황은 더 나빠질 것입니다. 기분 전환을 위한 다양한 노력으로 상황이 일시적으로 개선될 수는 있지만 이내 더 심각한 수준의 우울감을 느끼고 말 것입니다. 그러니 갑작스러운 감정의 변화나 슬픔, 우울, 불안과 같은 감정이 찾아온다면 피하거나 이겨내려고만 하는 대신 그 감정을 있는 그대로 느껴보세요. 물론, 우울증이나 불안장애 등 정신과적 치료가 시급한 정도의 강도가 아니라는 가정하에 그렇습니다.

때로는 다른 사람들의 감정을 관찰하면서 그들이 감정을 대하는 태도 속에서 배울 점을 찾아보는 것도 좋습니다. 그런 기다림의 시간은 결코 헛되지 않습니다. 앞서 여러 번 이야기했듯이 이 과정이 바로 진정 나다운 삶을 찾아가는 시간, 서퍼들의 '물잠'입니다. 서퍼들도 자신에게 맞는 파도를 기다리는 동안 해야 할 일이 참 많습니다. 첫째로 파도에 떠내려가지 않고 그 자리를 지키기 위해 부단히 애써야 하죠. 그런데 그 기다림의 시간을 견디지 못하고 조급한 마음에 이 파도 저 파도에 몸을 실으면 진짜 내 파도가 왔을 때 멋지게 타오를 힘을 미리 빼는 것밖에 안 됩니다. 진짜 좋은 파도가 왔는데도 그걸 탈 힘이 없어서 다른 사람에게 기회를 내주고 그들이 파도 타는 걸 구경만 하게 될지도 모릅니다.

서퍼들에게 파도를 기다리는 시간이 중요하듯이 우리에게도 감정을 관찰하고 온전히 느끼는 기다림의 시간이 정말 중요합니다. 괴롭다는 이유로 감정을 오롯이 느끼기를 포기하는 순간, 그때 그 감정을 경험할 기회는 두 번 다시 오지 않습니다. 물론 파도와 감정 모두 정답은 없습니다. 일정한 모양과 세기의 파도가 없듯이 감정도 마찬가지잖아요. 매뉴얼이라 할 것도 없습니다. 서퍼가 물잠을 채워 나가면서 파도를 골라내듯 감정도 많이 느끼고 부딪쳐 보며 경험하는 수밖에 없습니다.

어제의 좌절과 오늘의 좌절이 다름에도 관찰하면서 익숙해지면 어느 정도의 조절은 가능합니다. 이때도 내가 감정을 통제하는 게 아니라 받아들이는 것이라고 생각해 보세요. 감정을 통제하려고만 하면 나와의 싸움이 시작됩니다. 그러다 보면 감정은 변질되어 또 다른 문제 상황을 만들어냅니다. 마치 서퍼들이 통돌이 당하듯 더 큰 감정의 소용돌이에 휘말리게 되는 것이죠. 파도에 몸을 내맡기듯 감정이 나를 그대로 통과하도록 두면 감정이 잦아드는 과정까지도 온전히 느낄 수 있습니다.

　서퍼 김아영 씨의 말에 따르면 큰 파도를 타기 위한 방법은 한 가지밖에 없다고 합니다. 조금씩 조금씩 더 큰 파도를 타보면서 몸이 순간순간을 기억하게 만들어 두려움을 떨쳐내는 것입니다. 무엇이든 간에 잘 모르면 두려움이 커지고 알면 알수록 두려움은 줄어듭니다. 문제는 잘 알려면 어찌 되었든 두려운 상황을 마주해야 한다는 점입니다. 참 아이러니하죠. 감정이 두려운 존재인 건 누구도 부정할 수 없으니까요. 새로운 일을 시작할 때도 마찬가지입니다. 처음에는 자신감도 없고 막연한 불안감이 들어 미루게 되지만 어느 정도 하다 보면 자신감이 붙으면서 추진력이 생깁니다. 내 능력으로 해볼 만하겠다는 마음이 들거든요.
　감정을 마주하는 연습도 그렇습니다. 감정을 피하기만 할 때는 그를 마주하는 것이 마치 판도라의 상자를 여는 일 같아 두렵습니다. 꼭꼭 숨겨놓았던 감정들이 나를 더 힘들게 하거나 영영 주저앉힐까 봐 걱정되는 것이죠. 그래서 많은 사람이 상담을 와서도 초반에는 자기 감정과 마주하기를 피하려고만 합니다. 그러나 용기를 내 감정에 다가가는 연습을 하다 보면 점차 자기 자신을 마주 볼 용기도 찾게 됩니다.

"마음은 원래 파도가 끊이지 않는 바다인데…. 제 마음이 찻잔 속처럼 고요하고 잔잔하기를 바랐기에 더 힘들었던 거 같아요."

서퍼 김아영 씨와의 방송 중에 한 구독자가 남긴 댓글입니다. 그동안 언어로만 감정을 배워왔다면 이제는 실제로 내 감정을 경험해 볼 차례입니다. 당연히 처음에는 두렵겠지만, 여러분이 두려움 때문에 다가오는 모든 상황을 그저 피하기만 하는 최악의 선택지를 고르지는 않기를 바랍니다.

내 감정을 무시하면
왜 관계에도 문제가 생기는 걸까?

"내 감정을 자꾸 무시하는 게 습관이 돼버렸어요. 일부러 무감정해지려고 하다 보니 나를 학대하는 느낌마저 들어요. 그런 시간이 길어질수록 나 자신을 아끼지 않게 되고, 심지어 내가 싫어집니다. 그런데 나를 싫어하면서 다른 사람을 사랑할 수는 없잖아요. 그래서인지 다른 사람들한테 짜증 내고 베풀지도 못하고… 그런데 미안한 마음마저도 사라져 가요. 이럴 땐 어떻게 해야 하나요?"

어느 날 제게 이런 질문을 해온 내담자가 있었습니다.

그런데 그분에게는 제가 별다른 조언을 할 필요가 없었습니다. 질문 안에 답이 있었기 때문이죠. 내담자는 이미 '내 감정을 모른 척하며 사는 시간이 길어지면 타인과의 관계에서도 문제가 생긴다'라는 아주 중요한 사실을 인지하고 있었습니다. 그러니까 지금부터는 내 감정에 관심을 갖고 온전히 느끼려고 노력하면 되는 겁니다.

그런데 내담자는 왜 자신의 감정에 무심해진 걸까요? 언제부터, 어떤 계기로 그렇게 된 건지를 알아야만 다시 자신의 감정에 귀 기울이는 일도 가능해집니다. 사실 '내 감정'과 '타인과의 관계'를 하나의 인과관계로는 설명할 수 없습니다. 이 둘은 깊은 연결고리를 가지고 서로가 서로에게 원인이 되기도 하고 결과가 되기도 하기 때문이죠.

이를 설명하기 위해서는 타인과의 관계에서 우리가 지닌 근원적인 욕구부터 이해해야 합니다. 사람은 누구나 인간관계에서 두 가지 욕구를 동시에 추구합니다. 하나는 '독립된 나로서의 존재감'을 갖고 싶다는 욕구로, 온전히 개별적인 존재로서 자유롭게 의사결정을 하고 자주적으로 살고 싶어 하는 욕구입니다. 두 번째 욕구는 가족을 포함한 주변 사람들로부터 지지받고 애착과 유대감을 경험함으로써 '내 편이 있다는 소속감'을 느끼고 싶어 하는 욕구입니다.

이 두 가지 욕구는 상반된 것 같지만 인간에게는 너무나 기본적인 욕구로 둘 중 하나만 없어도 감정적으로 매우고단해집니다. 먼저 자율성과 독립성이 무시될 때 우리는 존재감이 훼손되는 느낌을 받습니다. 이때 찾아오는 감정은 수치심입니다. 예를 들어 직장 상사가 나의 자율성과 독립성은 깡그리 무시한 채로 "내가 시키는 대로만 따라!"라고 명령한다면 그때 내가 느낄 감정은 수치심일 것입니다.

내가 자주적으로 어떤 선택을 할 수 있거나 내 삶이 개별적으로 존중받고 있다는 느낌은 너무나 중요합니다. 이는 사회생활의 관계에서뿐 아니라 부모와 자식 간에도 서로 존중받아야 할 욕구입니다. 그런데 정작 우리 삶에서는 이 욕구가 훼손되는 경우가 비일비재합니다. 이렇게 되면 나 자신이 하찮게 여겨지고 존중받지 못한다는 생각이 들면서 점차 자신감도 떨어집니다. 내가 부족하고 열등한 존재 같다는 생각에 한없이 주눅 들게 되죠.

반면에 가족을 포함한 주변인들이 나를 인정해 주고 그들이 내 편이 되어주면 안전하다는 느낌을 받고 자신감도 올라갑니다. 그러나 다른 한편으로는 그 무리에서 배제

될까 봐 불안과 공포를 느끼기도 합니다. 이는 진화심리적으로 인간의 삶을 살펴보면 당연한 감정입니다. 원시시대에 집단으로부터 추방당하는 것은 외부의 위험에 그대로 노출되어 결국 목숨을 잃을 가능성이 크다는 것을 의미했으니까요. 물론 현대사회에서는 대인관계의 고립이 곧 죽음을 의미하지는 않지만, 이러한 고립감은 독립성의 훼손과 마찬가지로 감정에 치명적인 영향을 미쳐 삶의 균형을 해치곤 합니다.

"사회의 필요가 '인간 고슴도치들'을 함께 몰아가지만, 그들 본성의 까칠하고 불쾌한 특성 때문에 서로 반발할 뿐이다."

독일의 철학자 아르투어 쇼펜하우어(Arthur Schopenhauer)의 말입니다. 타인과의 관계에서 느끼는 친밀감을 비롯한 소속감과 타인으로부터 상처받지 않고 싶은 욕구는 양립할 수 없다는 의미에서 '고슴도치의 딜레마'라고 불리기도 하죠. 이렇게 보면 인간의 삶 자체가 딜레마인 셈입니다.

즉 사람은 '자기 주도적인 삶'과 '독립'의 욕구가 있지만 사회적인 존재이기에 혼자서 살기보다는 다른 사람과

얽히고 연결되어 '친밀감'과 '유대감'을 느끼고자 합니다. 애착의 감정을 느끼기 위해 계속해서 연결되기를 원하는 것이죠. 이러한 상반된 욕구는 심리학에서도 오래전부터 다루어온 연구 내용입니다. 정신분석학자 지그문트 프로이트(Sigmund Freud)가 『집단심리학과 자아분석』에서 쇼펜하우어의 고슴도치 우화를 소개한 이후 관련 연구가 이어졌습니다.

그렇다면 이 두 가지 욕구가 제대로 충족되지 않는다면 어떻게 될까요? 자신의 감정을 제대로 인식하려는 동력을 잃고 맙니다. 타인과의 관계에서 계속해서 감정적으로 상처받고 억압받으면 감정을 돌보려는 의지가 꺾어버리는 것이죠. 이것이 바로 우리가 자신의 감정을 무시하게 되는 과정입니다. 그리고 설상가상으로 자아가 파업 선언을 해버립니다. 자아는 어느 한쪽으로 치우친 나의 욕구를 적절히 통합해 주는 일종의 컨트롤타워 역할을 하는데, 이렇게 중요한 자아도 감정 없이는 존재할 수 없는 것입니다. 인간은 자신의 감정을 인식하는 순간 자아에 대한 필요성을 느끼기 때문입니다. 결국 지속적으로 미충족된 욕구로 인해 우리는 감정을 외면하게 되고, 감정 없이 존재할 수 없는 자아가 사라지면서 다시 욕구를 적절히 통합해 주는 컨트롤타워가 힘을 잃어버리는 악순환을 경험합니다.

무엇보다 자아는 우리가 '현재의 나'에 집중하게 해줍니다. 정신과 의사가 상담할 때 내담자에게 건네는 질문의 근간은 'Here and Now'입니다. '과거의 나', '미래의 나'가 아닌 '지금, 여기'에 있는 나에게 집중할 수 있도록 유도하는 것인데, 이는 자아의 기본 개념이기도 합니다. 이처럼 중요한 자아를 상실하면 마음의 균형은 깨질 수밖에 없습니다.

일례로 자신의 존재를 폄하하고 심지어 싫어하게 됩니다. 나는 잘할 수 있는 게 아무것도 없고 성격도 우유부단하고 소극적이라면서 자신을 하찮게 여기는 것이죠. 이런 감정은 다시 타인과의 관계에 악영향을 미칩니다. 자존감이 바닥에 떨어진 상태에서 '내가 나를 보듯이' 상대도 나를 바라볼 것 같은 두려움에 빠집니다. 이를 '투사'라고 하는데, 받아들일 수 없어 억누른 자신의 어느 측면을 타인의 시선으로 바라보는 것을 뜻합니다. 자신의 성격, 감정, 행동 등을 스스로 이해할 수 없거나 혹은 만족할 수 없을 때 그것을 다른 사람의 탓으로 돌리는 일종의 방어기제입니다.

반면에 자기 감정을 제대로 인식하고자 노력하는 사람은 자아가 제 역할을 다합니다. 다양한 감정과 충동을 인식하고 조절하며 자연스럽게 균형을 맞추어나가는 과정을 반복하는데, 이 과정은 타인의 감정에도 관심을 가질 기회를 만들어줍니다. 당연히 타인과의 관계가 개선되고 점점 더 공고해지겠죠.

이처럼 감정을 대하는 태도와 인간관계 사이에는 밀접한 연관이 있습니다. 인간관계에서의 욕구 충족과 감정을 대하는 태도 사이에도 물론 밀접한 연관이 있고요. 균형 있게 충족되어야 하는 독립성과 유대감이 지나치게 한 방향으로 치우쳐 있을 때 우리는 자신의 감정을 돌볼 수 없게 되고, 그렇게 내 감정을 자꾸 외면하면 다시 인간관계에 문제가 생기는 것입니다. 자신의 감정에 관심 없는 사람이 타인의 감정에 관심 있을 리는 없으니까요. 그저 남 일에만 관심 있을 뿐이겠죠.

그래서 저는 세대 구분도 나이가 아닌 '감정을 대하는 태도'의 차이에 따라 달라져야 한다고 생각합니다. 60대지만 20대의 감정을 읽으려 애쓰면 꼰대가 아니고, 30대지만 타인의 감정을 억누르고 무시하는 경향이 짙다면 그 사람이야말로 꼰대일 것입니다. 게다가 인간관계에 서툴러 항상 사람들과 거리를 두면서 주로 SNS로 표면적인 관계만 맺는다면 그는 꼰대이자 관종입니다. 물론 이런 인과관계를 따질 때도 반드시 선행되어야 하는 것이 바로 꼰대 혹은 관종이 되어가는 과정을 인지하는 것입니다. 애초에 잘못된 인간관계 속에서 억압된 사람들의 욕구 때문에 꼰대도, 관종도 만들어지는 것이죠.

"요즘 MZ들은 도무지 이해할 수가 없어요. 동기부여가 안 되면 업무 효율이 안 난다며 정색하는데, 우리는 없던 의욕도 만들어가며 일했습니다."

"저희 팀 여직원은 남자친구하고 헤어져 힘들다며 연차를 내더군요. 개인적인 감정 문제 하나 다스리지 못 하면서 프로젝트는 어떻게 완수해 낼지 의심스럽습니다. 그냥 몸이 안 좋아 쉰다고 해야 하는 거 아닌가요?"

소위 '꼰대 세대'라고 말하는 직장인들이 삼삼오오 모이면 늘어놓는 불평입니다. 이들에게 MZ 세대 팀원들은 도무지 이해할 수 없는 외계인 같습니다. 그런데 제가 보기엔 두 세대 간 가장 큰 차이는 역시나 감정을 대하는 태도에 있습니다. 자신의 감정을 감추고 억누르는 걸 미덕이라고 생각해 온 사람은 타인의 감정도 쉽사리 이해하지 못하고 때론 억압합니다. 이렇게 감정을 섬세하게 인식하지 못하는 사람들은 관계뿐 아니라 자기 삶도 무기력해질 가능성이 큽니다. 스트레스가 역치를 넘어가도 이를 감정적으로 느끼지 못하고 몸으로 느끼기 때문입니다. 뭘 해도 피곤하고 에너지가 떨어지는 느낌이 들면서 무기력해지는 것이죠.

그동안은 의지만으로 더 노력해서 이겨내며 살아왔는데, 어느 순간 그게 안되는 걸 경험하면서 많이 당황하고 또 좌절하게 됩니다. 감정에 처음으로 정복당하는 순간이죠. 그런데 더 큰 문제는 이런 무기력함이 감정에 정복당해서 벌어진 일인지조차 당사자는 모른다는 점입니다. 그러니 내가 평소에 폄훼해 온 사람처럼 무기력한 자신을 보며 자존감마저 무너지고 맙니다. 그동안 살아오면서 내가 믿었던 가치가 무용지물이 되면서 마음은 순식간에 와르르 무너지게 됩니다. 자아가 제 역할을 하지 못하기 때문인데, 그래서 감정을 인식하는 습관은 더더욱 중요합니다. 나의 독립성과 유대감이 관계 속에서 제대로 충족되고 있는지 인식하는 것은 그보다 더 중요하겠죠.

저는 음악을 좋아합니다. 최근에는 클라리넷을 배우고 있는데, 첫 수업에서 선생님께 정말 의외의 이야기를 들었습니다.

"연주할 때 저는 철저히 테크니션입니다. 예술적인 연주가 아닌 기술적인 연주를 지향하죠."

그 말은 제게 몹시도 충격으로 다가왔습니다. 이런 분께 지도를 받아도 될까 하는 의구심마저 들었죠. 그러나 수업을 거듭하면서 그때의 선생님 말씀이 무슨 의미인지 깨닫게 되었습니다.

연주자가 공연장에서 들리는 소리에 귀 기울이면 본연의 자연스러운 연주를 하지 못할 가능성이 큽니다. 그동안 연습해 온 소리를 제대로 구현하기 힘들어지는 것이죠. 물론 공연장의 분위기에 맞춰서 악기를 연주하는 것도 예술적인 노력이라 할 수 있지만, 도리어 청중은 본능적으로 부자연스러움을 느끼며 연주에 몰입할 수 없게 됩니다. 반면에 연주자가 테크니션이 되어 연습실이든 공연장이든 흐트러짐 없이 똑같은 힘으로 집중해 연주를 이어가면 그 순간 신기하게도 관객들은 감동한다고 합니다.

이는 감정의 속성과도 일맥상통합니다. 직장에서든 학교에서든 우리는 수많은 인간관계 속에서 여기서는 이래야 하고, 저기서는 저래야 한다는 강박에 사로잡힙니다. 그렇게 끊임없는 변화 속에서 힘을 줬다가 빼는 과정을 거듭하면서 나의 솔직한 감정은 놓치고 마는 것이죠. 그러면 공연장에서 청중이 불편을 느끼는 것과 같이 주변 사람도 어색함을 느낍니다.

앞서도 언급했지만 인간관계의 핵심은 사회성 유무가 아니라 '자연스러움'에 있다고 생각합니다. 주변을 한번 살펴보세요. 자연스럽게 말하고 행동하면서 관계 맺는 사람들에게 나도 모르게 더 호감이 가지 않나요? 나의 솔직한 감정을 불편하게 여겨서 감추려 하고 포장하려 들면 대체로 말과 행동이 부자연스러워집니다. 상대방은 이내 불편함과 식상함을 느낄 것이고요. 한마디로 매력적인 사람이 될 수 없습니다.

"나의 감정에 무심하면 왜 타인과의 관계에 문제가 생

길까요?" 이제는 그 답을 알게 되셨을 것입니다. '사랑하면 알게 되고 알면 보인다'라고 했습니다. 나를 둘러싼 모든 것에 애정을 갖고 나를 알아가는 연습을 하면 그때의 나는 전과 같지 않겠죠. 오늘부터 나에게 먼저 다정한 사람이 되어보는 건 어떨까요?

## '자기 없는' 자기계발에
## 매달리는 이들에게

    SNS에서 수요와 공급이 끊이지 않는 콘텐츠 중 하나가 '성공한 사람들의 공통점'에 관한 것입니다. 성공한 사람들에게는 남다른 열정과 시간 관리법, 매사 최선을 다하는 태도와 겸손함 등 수많은 공통점과 저마다의 노하우가 있죠. 대개는 이렇게 표면적으로 드러난 공통점을 궁금해합니다. 그러나 제가 주목하는 것은 그들의 이면에 숨어 있는 제각기 다른 '정서'이며, 그중에서도 '결핍'입니다.

    어린 시절의 지독한 가난과 부모님과의 관계에서 겪은 부정적 경험은 성공적으로 자립하고 싶은 강한 열망을 갖게 합니다. 그 결핍감은 남들보다 몇 배는 더 열심히 살아가게 하는 추진력이 될 수 있습니다. 그러나 결핍을 주요 에너지원으로 삼는 것은 일종의 스테로이드제를 복용하는 것과 같습니다. 나를 활활 태우듯 안간힘을 쓰면서 성공을 갈구하는 사람들은 그 결핍의 원인이나 대상에 변화가 생기면 순식간에 동력을 잃고 마니까요.

제가 아는 병원의 원장님도 그랬습니다. 아버지의 못다 이룬 꿈을 대신 이루어내고야 말겠다는 일념으로 의사가 된 후에도 그는 쉼 없이 열정을 불살랐죠. 그런데 그토록 염원하던 바람을 마침내 이루려는 순간, 아버지가 돌아가셨습니다. 그날 이후 원장님은 한동안 모든 에너지를 소진한 사람처럼 의욕 상실의 나날을 보내면서 힘들어했습니다. 자신의 버팀목이 사라졌다는 상실감과 그동안의 노력이 무용지물이 되었다는 생각까지 하면서 그 자리에 주저앉고 만 것입니다.

분명 결핍은 성공을 향해 나아가는 데 감정적 원동력으로 작용합니다. 이 감정은 어려움을 이겨내고 앞으로 나아가게 하는 폭발적인 힘으로 작용할 가능성이 큽니다. 다만 양면적인 속성이 있어서 지나치면 불행의 근간이 되기도 합니다. 그런데도 많은 사람이 이를 성장의 동력으로 삼고, 대중은 이런 성공 신화에 큰 관심을 보입니다. 심지어 자신의 기대에 못 미치는 성과를 내는 이들을 "결핍이 없어서 그래"라는 말로 비난하기도 합니다.

제 생각은 다릅니다. 결핍은 불안정한 연료입니다. 결핍으로 성공하더라도 이후 건강한 내적 동기, 즉 진짜 내 감정에 기반한 에너지를 끌어낸 사람과 그러지 못한 사람은 인생 후반의 모습이 사뭇 다릅니다. 후자의 경우 드라마틱한 역경의 근간이 된 대상과 분리되는 순간, 성장 동력을 잃어버릴 가능성이 큽니다.

반면에 강력한 내적 동기와 자신에게 집중할 때 비로소 발산되는 에너지로 자신의 감정을 잘 살피는 사람은 다른 길을 갈 수 있습니다. 새로운 도전을 준비할 때의 설레는 감정과 성공했을 때의 짜릿한 쾌감을 즐기고 싶은 사람은 이 자체가 삶의 동기가 되곤 합니다. 또한 스스로 의욕을 만들어내는 사람은 도전하면서 겪는 실패와 좌절 등 외부 요인에 의해 쉽게 무너지지 않습니다. 원래 나로부터 출발한 도전이기 때문입니다. 그러나 외부 요인으로부터 영향을 받아 시작된 도전은 실패하는 순간, 다리 하나가 부러진 의자처럼 삶 자체가 위태로워집니다.

물론 결핍이 삶의 특별한 동력인 것은 맞습니다. 그러나 여기서 핵심은 결핍 자체라기보다는 '내 감정을 억압하느냐, 아니냐'의 문제입니다. 감정을 억압하면서 목표를 향해 내달리는 것과, 결핍으로 시작했지만 목표를 이루는 과정에서 나의 감정을 온전히 느끼고 주변 사람과 상호 지지를 주고받으며 나아가는 것은 다릅니다. 후자의 경우는 지속적인 성장이 가능하죠.


"우울을 인정하고 싶지 않았어요. 누군가 눈치채기 전에 멀쩡한 나로 바뀌길 바랐는데… 혼자 힘으로는 잘 안되더군요. 힘들었습니다."

얼마 전 한 방송 프로그램에서 중년의 남자 배우가 정신과 의사와 상담한 이야기가 화제에 오른 적이 있습니다. 대중에게는 늘 단란한 가정의 가장으로서 최선을 다하는 모습만 보여줬기에 다들 의아해했죠. 그러나 그는 유년기부터 우여곡절 많은 삶을 견디는 과정에서 감정을 억눌러왔고, 그런 자신의 상처와는 상관없이 아이들만큼은 밝게 자랐으면 하는 강박이 심하다고 고백했습니다. 상담하던 의사는 그에게 '무너지기 일보 직전'이라는 진단을 내렸죠.

그는 단 한 번도 지인들에게 자신의 과거 이야기를 해 본 적이 없다고 했습니다. 어린 시절부터 가족관계 등에서 아픔과 결핍을 겪으면서도 자신의 감정은 돌보지 않은 것입니다. 대신 성공해야겠다는 목표 하나는 분명했기에 무너지지 않고 자신을 지켜나갔고, 한 시대를 풍미한 배우로도 성공할 수 있었습니다. 그러나 그는 이후 심리적 한계에 치닫고 말았습니다. 큰 수술을 받기 전 삶의 의지를 완전히 내려놓은 적도 있다고 했는데, 이는 결핍과 강박으로 자신의 삶을 지탱해 오다가 결정적인 순간 무너져 극단적인 허무감에 빠지는 사람들의 전형이라고 할 수 있습니다.

물론 우리는 누구나 자신만의 페르소나를 지니고 삽니다. 일종의 가면이죠. 사회적 관계 속에서 자신의 좋은 이미지를 각인시키기 위해 본성과는 다른 가면을 써가며 연기하고 있는 것입니다. 우리는 사회생활을 할 때뿐 아니라 가정에서도 가면을 씁니다. 그런데 이건 결코 이상하거나 비정상적인 게 아닙니다. 이 모습들 또한 결국엔 '나'이기 때문이죠. 그러니 가정과 사회에서 사람들의 기대에 부응하고 싶은 나와, 반대로 내 마음대로 하면서 이기적으로 살고 싶은 나 모두를 엄연한 내 모습 중 하나로 기꺼이 받아들여야 합니다. 사람은 원래 다면적 모습을 지닌 채 태어났고 누구에게나 '숨기고 싶은 나'가 있습니다. 이런 나의 면면을 적절히 통합할 수 있는 것이 앞에서도 등장했던 자아입니다.

그런데 이를 인정하지 않고 남들에게 보이기 싫은 내 모습을 너무 오랫동안 억누르고 철저히 가두려고만 하면 문제가 생깁니다. 특히 사회적으로 알려진 사람일수록 그렇게 될 확률이 높습니다. 대중이 원하는 기대치에 부합하는 삶을 사는 것만이 자신의 전부라고 스스로 착각하다가 무의식의 차원에서 억눌림이 차고 넘치면 그 에너지가 너무 커져서 돌발적인 행동을 벌이기도 하죠. 예컨대 폭력을 행사하거나 물건을 훔치거나 도박 혹은 마약에 빠지거나 하는 식입니다. 그가 원래 나쁜 사람이라서가 아니라, 서로 다른 내적 욕구를 철저히 분리해서 한쪽으로만 치우친 삶을 살다 보면 그것만이 내 모습이라고 착각하게 되어 벌어지는 문제입니다.

헝그리 정신으로 자신을 억압하고 제아무리 통제해도 어느 순간에는 자아가 꿈틀대면서 존재감을 드러내기 시작합니다. 뒤늦게 사춘기를 겪거나 심하면 우울증을 겪게 되죠. '보이는 나'와 '내 안의 또 다른 나' 모두가 나 자신이라는 걸 인정하고, 스스로 통합해 적절히 타협할 수 있는 사람만이 건강한 삶을 살 수 있습니다. 자아가 제 역할을 다하고 있는 것이죠.

그런데 자아가 제 역할을 다하지 못한 상태에서 결핍을 동력으로 삼아 스스로를 호되게 몰아붙여 온 사람은 결핍이 사라진 순간 당황하게 됩니다. 그때는 무언가를 해보려 해도 도통 에너지가 나지 않습니다. 더 이상 불붙일 땔감이 없는 상황과 같습니다. 이때부터는 가장 중요한 땔감인 자아의 역할이 필요해집니다. 보이는 나와 내 안의 나 사이에서 균형을 잡아가는 과정에서 자아는 오랫동안 소멸하지 않는 땔감을 만들어낼 수 있습니다.

자아감은 '나는 어떤 사람인가?'에 대한 통합적인 인식입니다. 사람은 각자 '나는 이런 사람이야'라는 자아상을 지니고 있어야 그것에 기반해 자기 주도적인 삶을 살아가고 자존감도 획득하니까요. 그래야만 진정한 자기계발이 가능한 것이고요. 그런데 요즘에는 성인이 되어서도 자아가 제대로 형성되지 못한 경우가 많습니다. 자신의 감정을 제대로 인식하고 해소하지 못하기 때문입니다.

앞서 인간은 감정을 느끼면서 자아를 인식한다고 했습니다. 즉 감정을 제대로 인식하지 못하면 자아가 제 역할을 하지 못한 채 타인의 삶을 선망의 대상으로 삼고 그들이 정해놓은 꿈을 좇아가는 데 급급해집니다. 그런 의미에서 많은 사람이 '자기가 없는 자기계발'에만 매진하고 있는 셈입니다. 주변의 성공한 사람 중에도 어떻게 하다가 여기까지 왔는지 잘 모르겠다는 사람이 많습니다. 부모님이 원하는 삶, 혹은 세상에서 유망하다고 치켜세우는 일들을 자신이 해야 할 일로 여기고 경주마처럼 달려온 것입니다. 정작 자신이 무엇을 원하는지는 모른 채 말입니다. 그러나 진짜 자기계발은 타인이 아닌 자아가 자기 내면과 끊임없이 조율과 타협을 반복해 가며 나를 완성해 나가는 과정입니다.

그런 의미에서 앞서 타인과의 관계에서부터 등장해 온

자아의 역할은 정말이지 중요합니다. 내가 하고 싶은 일과 내가 잘할 수 있는 일, 즉 현실과 이상 사이에서 균형을 잡게 도와주는 것도 자아의 역할입니다. 이런 조율의 과정을 거치지 않은 채 한쪽으로만 치우친다면 극단적인 이상주의자나 극단적인 현실주의자가 되기 쉽습니다. 혹은 타인 지향적인 삶이나 자기중심적인 삶을 살게 될 확률도 높죠. 그래서 인생은 정반합의 변증법적 과정이 아닐까 싶습니다. 이 과정에서 때로는 낯설고 불편한 상황을 만나 한발 물러나기도 하고, 또 어떤 때는 진화하기도 합니다.

그래서 자아를 인식하는 자아감이 중요합니다. 흔히 나를 사랑하는 것이 심리적 건강에 중요하다고 말하지만, 자아감의 진정한 의미는 '있는 그대로의 나를 포괄적으로 인정하는 것'입니다. 지금 자신의 감정과 생각을 그대로 인식하면 수치심이 들거나 화가 나는 등 마음이 불편해질 수 있지만 자아감은 이런 나의 감정과 생각까지도 인정하고 자신의 내적 경험을 인식해야만 생겨납니다. 이 과정에서 '나는 이런 사람이구나' 하는 깨달음을 얻으면 자아감이 생기고 진정으로 자신을 사랑할 수 있게 됩니다.

이런 자아감이 없는 사람일수록 '타인에게 인정받는

나'만을 인식하고 치켜세우며 그 반대의 나는 인정하지 않고 외면하는데, 그럴수록 인정 추구가 강해지면서 점점 더 자아감을 잃게 됩니다. 그래서 자아감이 있는 사람은 아이러니하게도 자기애가 그리 강하지 않습니다. 내가 나의 삶에 만족하는데 굳이 남들에게 나를 드러내고 인정받고자 애쓸 필요가 없기 때문입니다.

정신의학 분야에서는 자기애가 자만심과 자기중심적 태도, 나아가 나르시시즘으로 통용됩니다. 자기애적 성격이 강한 사람은 대인관계에서 존경받거나 인정받는 것에 지나치게 민감하고 동시에 다른 사람을 수단화하는 경향이 강해서 오히려 자신의 존재감을 조절하는 능력을 상실하기 쉽습니다. 나르시시스트들이 이에 해당합니다. 이들은 과장된 자신감을 보이면서 주변의 인정을 받으려는 욕구를 강하게 드러냅니다. 이렇게 되면 어쩔 수 없이 공감능력이 점점 더 떨어지는데, 이 정도가 심해지면 '자기애성 성격장애'로 진단합니다.

외부의 평가와 찬사를 끊임없이 공급받아야만 유지되는 자아상을 가진 사람은 자아가 불안정할 수밖에 없습니다. 반면에 자아가 안정적이면 자기만족은 저절로 가능해지죠. 그러므로 자아를 제쳐두고 진정한 성장의 동력인 자기만족도 무시한 채 맹목적인 자기계발에 매달려서는 안 됩니다. 이는 결핍을 주요 동력으로 삼아 삶에 매진하는 사람과 다르지 않으니까요.

# 2장

자꾸 나를 탓하는 사람들에게
들려주고 싶은 이야기

분노와 화, 우울, 불안, 수치심,
시기와 질투 그리고 혐오, 외로움과 소외감

# 부정적인 감정조차
# 나를 사랑하고 있다

정신과 의사들이 이구동성으로 극찬한 영화가 있습니다. 바로「인사이드 아웃」시리즈입니다. 저 역시「인사이드 아웃 1」을 여러 번 추천했는데 2편 역시 기대를 저버리지 않았더군요. 많은 분들이「인사이드 아웃 2」에서 주목한 것은 라일리가 불안과 갈등 속에서 자아를 형성해 가며 성장하는 모습이었을 겁니다. 전형적인 사춘기 청소년의 모습이죠. 저 또한 또래의 아이가 있어서인지 더욱 공감되고 몰입하게 되더라고요. 그런데 정신과 의사인 제게는 영화에서 눈에 띄는 부분이 한 가지 더 있었습니다. 바로 '한

대 때려주고 싶은' 부정적인 감정에 대한 관점의 전환이었습니다. 「인사이드 아웃 2」가 불안, 당황, 버럭, 소심 등 일반적으로 외면하거나 회피하고 싶은 감정들을 다루는 방식은 제가 늘 강조하는 감정 인식과 일맥상통합니다. 그래서인지 '나의 감정과 친해질 기회를 준 따뜻한 영화'라는 후기를 보면서 혼자 흐뭇해하기도 했습니다.

영화 초반에 불안이라는 감정은 라일리를 괴롭히는 빌런과도 같은 존재입니다. 쉴 새 없이 걱정 시나리오를 써 내려가 라일리가 악몽을 꾸게 하거나, 더 잘해야 한다는 압박감과 부담감을 지나치게 심어주어 사이가 좋던 친구들과도 멀어지게 만들죠. 그러나 결국 라일리는 깨닫습니다. 불안조차도 자신을 끔찍하게 사랑하는 존재였다는 것을요. 자신을 둘러싼 모든 감정이 나의 행복을 위해 고군분투하고 있으며, 그 감정과 기억이 모여 나를 만들어가는 것임을 받아들이면서 라일리의 자아는 비로소 견고해집니다.

'그 모든 게 나였다. 그 전부가 세월이었다. 하나도 남김없이.'

영화평론가 이동진 씨의 이 한 줄 평은 훗날 어른이 된 라일리가 지난 시간을 되돌아보며 되뇔 말이 아닐까요.

정말이지 모든 감정은 나를 위한 신호등입니다. 내 안의 자아가 나에게 신호를 줘 스스로를 지킬 수 있도록 저마다의 감정에 지령을 내리는 것이죠. 가령 자아가 '이건 좀 위험한데… 빨간불을 켜야겠어!'라고 지시하면 불안이 등장해서 위기감을 조성하는 식입니다. 그래서 애초에 감정을 부정적인 것과 긍정적인 것으로 구분하는 일 자체가 부적절합니다. 나에게 불필요한 감정과 필요한 감정으로 나누는 것도 적절한 방법이 아니죠. 굳이 감정의 종류를 구분하자면 받아들이기 괴로운 감정과 그렇지 않은 감정 정도로 나눌 수 있겠는데, 이는 감정을 입체적으로 이해하는 데 도움이 되기 때문입니다.

무엇보다 받아들이기 괴로운 감정이 우리 삶에 좋지 않은 영향만 미치는 것은 아닙니다. 우울, 불안, 수치심 같은 감정들이 나에게 보내는 신호를 잘 파악하면 오히려 큰 도움을 받을 수 있습니다. 불안과 두려움은 피하고 싶은 감정이 분명하지만, 불안이 있어야 자아는 조절력을 갖추게 됩니다. 이 감정들은 무분별한 욕구가 올라올 때 '지금은 억제가 필요한 순간이야!'라는 신호를 주고, 때로는 위험한 상황이 예견될 때 '위험해, 피해!'라며 경고를 보내기도 합니다.

그래서 불안이라는 감정에 둔감한 사람은 민감한 사람에 비해 안전사고를 당할 가능성이 큽니다. 불안지수가 낮은 아이들은 자꾸 높은 곳에 올라갔다가 떨어져 다치거나 위험한 행동을 서슴지 않곤 하죠. 청소년기나 성인기에도 불안지수가 낮은 사람은 대인관계에서 상대에게 상처를 줄 가능성이 큽니다. 자신의 말과 행동이 상대에게 상처를 줘서 관계가 나빠질 수도 있다는 인식을 하지 못하기 때문입니다. 물론 그 정도가 일반적이지는 않지만 사이코패스라고 불리는 반사회적 성격장애인 사람도 기본적으로 불안지수가 아주 낮습니다. 수치심과 죄책감도 마찬가지 역할을 합니다. 이 감정들은 특정한 욕구와 행위를 억제해 나 자신을 지켜줍니다. 오히려 이런 감정들이 제 역할을 하지 못할 때 문제 되는 상황은 더 많이 일어나죠.

결국 우리가 부정적인 감정이라고 생각하는 감정조차도 모두 나를 위해 존재하는 것입니다. 나를 활성화하거나 억제하면서 자아가 균형을 찾을 수 있도록 도와주고 뭔가를 이루고자 하는 의지력이나 집중력, 잠재성을 키우는 데도 도움을 줍니다. 물론 이런 감정들에 압도되는 건 건강하지 않습니다. 무엇이든 지나치면 문제가 생기니까요. 대신 평소에 피하고 싶은 감정들이 나에게 보내는 신호를 잘 읽으면서 볼륨을 조절하는 연습을 해보세요.

부정적인 감정을 피하지 않고 제대로 인식하는 사람은 자신이 힘들 때 그걸 알아차리고 다른 사람의 도움을 받을 줄도 압니다. 이는 진화심리적 관점에서도 중요합니다. 인간은 타인에게 의지하면서 서로 도움을 주고받아야 살아남을 수 있는 사회적 존재니까요.

우울과 불안 같은 감정은 '지금이 바로 타인의 도움을 받을 때'임을 알려주는 신호와도 같습니다. 그 신호를 받아들이지 않고 괴로울 때도 그저 혼자서만 끙끙대면 어느새 한계치에 다다르게 됩니다. 그러면 몸과 마음에 힘이 들어가서 사고가 경직됩니다. 한마디로 자연스러운 상태가 아닌데, 이는 마치 물에 빠져서 극도의 공포를 느끼는 사람이 이성적인 판단을 하지 못하는 상태와 비슷합니다. 자신을 구하러 온 사람마저도 물속에 꽉 붙들어 놓는 바람에 둘다 죽고 마는 말도 안 되는 상황이 벌어질 수도 있는 거죠.

그러나 자신을 둘러싼 모든 감정을 있는 그대로 수용

하고 이해하면서 이런 나와 저런 나 모두가 '나'라는 인식을 하기 시작하면 감정의 굴곡도 안정되고 자아가 견고해집니다. 조금 힘들더라도 부정적 감정이 보내는 신호를 피하지만 말고 온전히 느껴보세요.

"라일리가 어떤 사람인지는 우리가 결정할 수 없어."

「인사이드 아웃 2」에서 라일리를 조정하려 드는 불안에게 기쁨이 한 말입니다. 라일리의 자아는 여러 감정과 함께 자연스럽게 만들어질 것입니다. 마찬가지로 수많은 감정과 함께 만들어질 우리의 견고한 자아. 그것이 때때로 나를 힘들게 하는 부정적인 감정조차 나를 위해 존재하는 이유입니다.

# 끊임없이 참아야 하는 삶이
위험한 이유

_ 분노와 화

하는 일마다 실패하는데 미래는 더 암담한 남자가 있습니다. 넷플릭스 드라마 「성난 사람들」의 주인공인 재미교포 수리공 대니입니다. 그의 부모님은 친척에게 사기를 당해 한국으로 귀국했고, 동생은 게임과 코인에 빠져 인생을 허비하고 있었죠. 그러니까 그는 한마디로 아주 살짝 건드리기만 해도 폭발할 것 같은 일촉즉발의 사나이입니다.

그러던 어느 날 대니는 할인 매장 주차장에서 흰색 벤츠 차량의 주인과 시비가 붙게 됩니다. 마침내 자신의 화를 뿜어낼 대상을 찾은 것이었죠. 대니는 홧김에 그 차를 무리하게 추격하다가 어느 부촌 주택의 정원을 망가뜨리고 맙니다.

그와 난폭운전 시비가 붙었던 사람은 아시아계 여성 사업가 라우입니다. 문제는 그녀 역시 끓어오르는 울분을 삼키며 사는 여자였다는 점이에요. 부유한 일본계 예술가 남편과 결혼해서 식물 관련 사업을 하고 있지만, 남편과의 관계는 소원하고 딸은 때때로 이상한 폭력성을 보입니다. 게다가 유명한 미술가인 시어머니가 사사건건 일상을 간섭해 대는 바람에 그녀는 아주 우울한 나날을 보내고 있었습니다. 그에 더해 대형 판매 건에 문제가 생겨서 잔뜩 예민해 있던 중 대니와 주차장에서 시비가 붙은 것이었습니다. 별것 아닌 시비로 보복운전을 하게 된 두 사람은 폭주하면서 다소 황당한 파국을 맞게 됩니다.

미국계 한국인 감독이 만든 이 드라마가 전 세계인의 주목을 받은 이유 중 하나는 주인공들의 감정에 강하게 몰입할 수 있기 때문일 겁니다. 각자 처한 상황과 삶의 무게는 조금씩 다르지만 터질 것 같은 분노를 인내하며 일상을 견디는 주인공들의 모습이 마치 우리 모습 같지 않았을까요? 그런데 현실의 우리와 달리 그들은 참지 않습니다. 끝까지 추격해서 서로에게 복수합니다. 시청자들은 이 두 사람의 분노 표출에 황당해하면서도 카타르시스를 느꼈을 것입니다.

드라마와 달리 현실에서는 아무리 화가 나고 분노가 치밀어도 일단 참고 아닌 척해야 합니다. 일종의 불문율과도 같습니다. 화나 분노를 불특정 다수에게 폭력적으로 표출하는 건 엄연히 범죄니까요. 다만 일상적인 관계에서 느끼는 화나 불의의 상황에서 쌓아온 분노는 다릅니다. 이런 감정은 숨기고 꾹꾹 누르기만 해서는 안 됩니다. 다소 불편해도 화나 분노의 감정을 구체적으로 느끼고, 때로는 표현하는 과정이 필요합니다.

일상 속에서 화가 치밀어 오르는 이유는 다양합니다. 억울할 때, 무시당했다는 느낌을 받을 때, 무력감을 느낄 때, 수치심과 배신감을 느낄 때, 누군가에게 크게 실망했을 때, 무리로부터 소외되거나 외로울 때 등 수많은 이유로 우리는 화가 납니다. 이렇게 화나는 이유는 여러 가지인데, 막상 화가 치밀어 오르는 순간에는 왜 화가 나는지 그 이유를 명확히 인식하지 못합니다. 화나 분노는 표면적인 감정이고, 그것을 유발하는 진짜 감정은 이면에 숨어 있는 경우가 많기 때문이죠.

누군가 우리 기대에 미치지 못했을 때 화가 나는 경우부터 살펴볼까요? 이때는 실망감, 좌절감, 배신감이라는 또 다른 감정이 원인입니다. 근사한 생일 축하를 해주리라 기대했던 남자 친구의 이벤트가 실망스러울 때, 아들이 대학 입시에 실패했을 때, 나와 생각이 같을 거라 믿었던 친구가 전혀 다른 의견을 주장할 때… 생각보다 자주 우리는 실망하고, 좌절하고, 배신당했다고 느낍니다. 이때 화를 내는 대신 솔직한 내 마음을 인식하고 믿을 만한 사람에게 드러내 보이면 상황은 조금 달라질 수 있습니다. 남자 친구에게 서운한 마음을 적절히 표현하거나 남편에게 지금 느껴지는 좌절감에 대해 상담하거나 친구와 진심 어린 대화를 먼저 나눈다면 분노의 불씨를 사전에 진화하는 것이 가능합니다. 번번이 불같은 화를 내지 않게 되는 것이죠. 자신이 무엇에 화가 나는 것인지를 모를 때 우리는 오히려 감정을 주체하기 힘듭니다.

앞서도 이야기했듯이 화나 분노를 시도 때도 없이 표출하는 건 분명히 문제입니다. 그러나 반대로 부정적인 감정을 표현하지 못하고 억누르기만 하는 사람들이 겪는 심리적인 문제도 아주 큽니다. 화나 분노를 인식하고 표현하지 못하는 심리 상태가 오랫동안 이어지면 어떻게 될까요?

우리나라에서는 특히 화나 분노를 부정적으로 인식합니다. 물론 신체적으로 타인을 해하거나 정서적으로 공격하는 식의 분노 표출은 불필요합니다. 그러나 내 안의 억눌린 감정을 표현한다는 차원에서는 중요하고, 어떻게 표현하느냐에 따라 선순환의 효과를 가져올 수 있습니다.

가령 누군가 선을 넘는 말과 행동을 할 때 혹은 자율성과 존재감이 무시당할 때 우리는 수치심을 느끼고 화가 납니다. 이럴 때는 참지만 말고 화를 기능적으로 표현해야 합니다. 화가 났다는 사실을 드러내기 위해 정색을 하는 것만으로도 상대는 나의 감정 상태를 알아차릴 수 있습니다. 이런 식의 표현만으로도 나의 경계를 지킬 수 있는 것이죠. 그러므로 어떤 상황에서도 상대에게 화를 내거나 분노해서는 안 된다는 강요는 바람직하지 않습니다. 이런 잘못된 사회성 교육에 얽매여서 누군가가 나에게 선을 넘는 말과 행동을 해도 화를 내지 못하고 분노하지 못하면 이럴 수도 저럴 수도 없는 심리적 갈등 상황에 놓이고 다음으로는 불안의 감정이 올라옵니다. 그러고는 얼어붙고 말죠.

청소년기에 학교폭력과 왕따를 당하는 상황에서뿐만이 아니라 성인이 되어서 직장 상사나 동료로부터 괴롭힘이나 부당한 처우를 받아도 여전히 감정을 드러내지 못하고 억제하는 사람은 어떻게 될까요? 이런 경험이 많으면 많을수록 불안도는 높아집니다. 주변 사람에게는 화 한번 안 내는 온화한 사람처럼 보이겠지만 스스로는 호구가 된 것만 같은 자괴감과 수치심에 빠질 수 있습니다. 이런 상황이 반복되면 결국 역치를 넘어선 감정이 터져버려 걷잡을 수 없이 폭력적인 방식으로 드러나게 될 것입니다.

내 생각을 주장하려고 할 때도 어느 정도의 분노가 필요합니다. 그러나 어릴 때부터 억압당하고 강한 통제를 경험하다 보면 자기주장 자체를 상대에게 분노를 유발케 하는 부정적인 것으로 인식할 수 있습니다. 그러면 자기주장에 대한 공포가 생기고 자기주장을 억제하는 반응이 반복됩니다. 내 안에서 어떤 감정이 올라오는 게 느껴져서 그것을 표현하고 싶어도 화를 낸다는 핀잔을 들을까 봐 망설이

다가 억누르기를 반복하게 되는 것이죠. 이렇게 되면 부정적인 감정을 피하기만 하다가 어느 순간 진짜 부정적인 감정에 압도되어 버릴 확률이 높아집니다.

많은 사람이 '사랑하는 사람에게는 화를 내서는 안 된다'라고 믿습니다. 여러 가지 의미로 해석될 여지가 있는 말이지만, 제 생각은 조금 다릅니다. 가까운 사이일수록 불편함을 겪기 싫어서 갈등과 다툼을 피하고 화를 내지 않으려 하지만 이런 대처가 오히려 갈등의 골을 더 깊게 만드는 원인이 되기 때문입니다. 부부관계를 예로 들어보겠습니다. 서로에게 화를 내지 않는 부부만이 이상적인 부부는 아닙니다. 살다 보면 정말 여러 가지 상황에 부딪히는 게 부부인데요. 제가 생각하는 가장 이상적인 관계는 갈등을 피하지 않으면서 그로 인한 불편한 상황을 기꺼이 감내하고, 궁극적으로는 서로 내 편이라는 신뢰를 만드는 사이입니다.

자식과의 관계도 마찬가지입니다. 갈수록 정서적 교감이 약해질 뿐 아니라 갈등 요소가 많아지는 관계가 바로 자식과 부모 관계입니다. 그래서 아예 멀어지면 안 싸울 수 있다고 생각하는 분도 꽤 있는데, 이는 싸우는 행위 자체의 부정적인 면만 봤기 때문입니다. 갈등이 두려워서 거리 두기를 하는 것이 관계의 해법이 될 수는 없습니다.

앞서도 이야기했지만 인간은 상반된 욕구를 동시에 추구합니다. 개별적인 존재로서 존중받고 싶으면서도 동시에 관계 지향적 욕구도 추구합니다. 사실 이는 모든 사람의 인생 과업이기도 합니다. 이런 상반된 욕구 속에서 일상을 잘 꾸려나가려면 어떻게 해야 할까요? 이때 필요한 것이 바로 '갈등 훈련'입니다. 갈등을 피하지 않고 기꺼이 부딪쳐보며 감정을 조절하고 나아가 관계를 공고히 하기 위해 노력하는 과정입니다. 사랑하는 관계일수록 더 필요한 이 갈등 훈련은 감정의 비활성화와 활성화 수위를 적절히 조절하는 것입니다. 이를 '감정 조절'이라고도 하죠.

우리는 음악을 들을 때 볼륨을 높이거나 낮추는 행위를 반복하면서 가장 듣기 좋은 볼륨을 찾아냅니다. 감정 조절도 마찬가지예요. 억제가 필요한 순간이 있고 드러내서 표현해야만 하는 순간이 있습니다. 가령 정신과 의사가 내담자와 진료실에서 상담하는 행위는 내담자의 감정 볼륨을 올리는 행위입니다. 일부 내담자들은 애써 감정의 볼륨을 줄이고 살다가 올리려니 두려워서 초기에는 말하기를 꺼리거나, 그조차도 불편하면 아예 상담을 중단하기도 합니다. 평소에 감정의 볼륨을 줄이는 것에만 익숙하다 보니 높이는 과정을 굉장히 두려워하는 것이죠. 사실 우리 대부분이 그렇습니다. 그러나 평소 내 마음의 목소리에 귀 기울이면 감정의 볼륨이 커지는 것이 더 이상 어색하지 않습니다. 원래 정서적으로 건강한 교감을 하려면 내 감정의 볼륨부터 키워야 하니까요.

표면적으로 좋은 관계를 유지해야 한다는 강박 때문에 나의 감정과 생각을 전혀 드러내지 않는다면 갈등의 골은 더욱 깊어질 수밖에 없습니다. 직장 생활을 할 때는 불이익을 당할까 봐, 친구 사이에서는 왕따를 당할까 봐 혹은 괜히 사이만 나빠질까 봐 내 감정을 누르고 감추다 보면 일종의 '두더지 잡기' 게임이 시작됩니다. 두더지 게임 속 두더지처럼 내 안의 불편한 감정이 빼꼼히 머리만 내밀어도 망치로 꽝꽝 내려치게 되는 것이죠. 그러므로 화나 분노를 부정적인 것으로만 여기지 말고, 문제 상황에 직면했을 때는 적절히 감정의 볼륨을 조절해서 표현할 필요가 있습니다. 이런 갈등 훈련이 수반되지 않으면 관계 때문에 겪는 괴로움에서 영원히 헤어날 수 없습니다.

그렇다면 건강한 갈등 훈련을 위해서는 어떤 조건이 필요할까요? 우선 갈등 상황 자체가 형성되어야 하는데 그러기 위해서는 관계의 균형이 맞아야 합니다. 한쪽으로 축이 쏠리면 균형이 맞지 않아서 갈등 상황 자체가 조성되지 않습니다. 시행착오를 경험해 볼 기회조차 없는 것이죠. 그래서 갈등 훈련 자체가 불가능한 직장 상사와 부하 직원 사이에서 관계의 어려움이 많은 것입니다. 물론 시행착오를 겪어볼 기회가 있는데도 그 자체를 두려워한다면 더 큰 문제입니다. 이렇게 되면 감정을 조절하는 능력은커녕 그 무엇도 키울 수 없습니다. 스스로 내 감정을 억제하기도, 표현하기도 해봐야만 나름의 조절력이 생깁니다. 이 경험은 정말 중요한 인생의 자산이죠.

무조건 억누르기만 하면 내 감정의 역치를 모르게 됩니다. 역치는 반응을 일으키기 위해 필요한 최소한의 자극값입니다. 내 감정의 자극값을 경험하고 나면 나중에 어느 정도 수준까지 참고 견딜 것인지를 스스로 판단할 수 있습니다. 특히 화나 분노는 감정을 표현할 때의 볼륨 조절이 중요합니다. 그러므로 무조건 외면하거나 억압하지만 말고, 첫째로 화나 분노의 이면에 숨은 또 다른 감정을 샅샅이 살펴보고, 둘째로 상대와의 건강한 갈등이 필요한 때라면 화를 표현해 가며 갈등 훈련을 해보는 것이 좋습니다. 마지막으로 상대와 나의 관계가 수평적인지 아닌지를 잘 살펴보는 것도 매우 중요합니다. 만약 수평적이어야 하는 관계인데 그렇지 못한 상황이라면 개선할 방법을 찾아봐야 하고, 그럴 수 없다면 관계를 단절하는 것도 최후의 방법이 될 수 있습니다. 혹은 애초에 수평적일 수 없는 관계라면 갈등이 아닌 다른 방식으로 화를 해소하고 관계를 풀어나갈 대화법을 찾아보는 것도 방법이 되겠죠.

우리는 모두가 결국 '성난 사람들'이지만 우리 안의 화가 남의 집 정원을 내 차로 밀어버리는 식의 엉뚱한 결말을 맺기를 바라는 이는 없으리라 생각합니다. 그러니 우리 모두의 해피엔딩을 위해서라도 내가 느끼는 분노의 실체에 한 걸음 더 다가서기 위한 노력이 필요하지 않을까요?

# 우울은 내 마음이 보내는
# 간절한 조언이다

_우울

"뭘 해도 의욕이 없습니다. 일이 손에 안 잡히고, 자꾸 실수하고, 사람을 만나도 집중이 안돼요. 그러다 보니까 자신감도 떨어지고 두렵습니다. 모든 게."

"아침에 일어나면 침대 끝에 앉아서 한참을 멍하니 있어요. 또 이렇게 하루가 시작된다고 생각하니 가슴이 답답하고 저도 모르게 눈물이 납니다."

"제 몸이 젖은 솜 같아요. 도저히 일으켜 세울 수가 없어요."

정도의 차이가 있을 뿐 현대인이라면 누구나 우울한 감정을 느낍니다. 그래서 우울의 강도가 세지고 지속되는 기간이 길어지다 보면 생기기 쉬운 우울증은 현대인에게 가장 보편적인 질병이기도 합니다. 물론 우울증은 우리가 종종 느끼는 우울감과는 조금 다른 차원의 문제입니다. 그래서 '우울감'과 '우울증'은 명확히 구분되어야 합니다. 이 둘 사이에는 분명한 차이가 있어요.

우울감은 살면서 흔히 느끼는, 기분이 저조해지는 상태입니다. 누구나 살다 보면 일시적으로 우울할 수 있습니다. 성향에 따라서 그런 침체된 기분이 조금 길게 이어질 수도 있고요. 그러나 우울증은 다릅니다. 이 둘의 차이점은 연못에 빠진 사람으로 설명할 수 있습니다.

두 사람이 각각 연못에 들어가 있다고 생각해 봅시다. 한 사람은 연못 아래 땅에 발을 디디고 있으면서 수면 위로는 얼굴이 나와 있습니다. 때에 따라 조금 더 깊이 들어갈 때도 있지만 발이 바닥에 닿아 있으니 언제든지 연못 밖으로 빠져나올 수 있죠. 그러나 다른 한 사람은 연못의 너무 깊은 곳까지 들어가 도저히 바닥에 발을 디딜 수가 없습니다. 아무리 안간힘을 써서 허우적대 봐도 수면 위로

얼굴을 내밀 수도, 연못 바닥을 디딜 수도 없습니다.

　전자는 우울의 연못에는 빠졌지만 자기 의지로 언제든 그곳을 빠져나올 수 있습니다. 충분히 쉬고, 운동도 하고, 취미 생활을 즐기거나 사람들을 만나며 새로운 에너지를 얻는다면 우울한 기분이 나아져서 다시 일상으로 돌아갈 수 있죠. 그러나 후자는 다릅니다. 스스로 우울의 늪에서 헤어 나오는 것이 불가능한 수준에 이른 것입니다. 누군가가 구조해 줘야 연못에서 빠져나올 수 있는 상황이죠.

　살면서 우울감을 한 번도 경험하지 못한 사람은 거의 없습니다. 그리고 평소 우울감을 전혀 느끼지 못하는 것이 사실은 더 좋지 않은 신호입니다. 늘 긍정적이고 편안한 감정에만 익숙한 사람이 다양한 성향의 사람들과 함께 부딪히며 희로애락을 경험하는 사회생활을 잘 견뎌낼 수 있을까요? 우울감을 한 번도 경험해 보지 못한 정신과 의사가 우울증 환자를 상담할 때 그를 깊게 이해할 수 있을까요? 일상을 잘 살아나가기 위해 우리는 평소에 어느 정도 감정 기복을 느끼면서 스스로 이런 변화를 견뎌내는 경험을 반복해 봐야 합니다.

우리나라 사람들은 심리적인 갈등을 표현하는 데 인색합니다. 특히 우울함은 터부시하는 경향이 짙죠. 그래서 '우울하다'라는 말을 직접적으로 하지 못합니다. "요즘 좀 짜증 나고 힘들어", "왠지 의욕이 없어"라고 에둘러 표현하는 경우가 많습니다. 이렇다 보니 한국인들의 우울증 양상 중 굉장히 두드러지는 것이 바로 신체 증상입니다. 머리나 배가 아프거나 허리가 쑤시고 등에 통증을 느끼는 것인데, 병원에 가서 검사를 받아도 별다른 이상은 없습니다. 마음의 갈등을 표현하지 못하고 타인에게 공감받지 못하다 보니 몸의 통증으로라도 반응하는 것입니다. 우울한 감정은 이렇게라도 해서 자신의 존재를 드러내려는 것이죠.

그러나 우울한 감정은 몸이 반응하기 전에 먼저 스스로 기민하게 알아챌 필요가 있습니다. 우울감에서 시작된 감정을 방치해 우울증까지 가면 회복하는 데 많은 시간이 걸리고, 자칫하면 걷잡을 수 없는 상태까지 이르기 때문입니다. 그래서 우울증 진단 기준에 대해서는 반드시 알아둘 필요가 있습니다. 우울증을 진단하는 기준은 대략 아홉 가지입니다.

정신건강의학과 교과서적으로 우울한 기분은 '정서적

으로 슬프거나 울먹울먹한 느낌'입니다. 그리고 우울증을 진단하는 데 가장 중요한 두 가지 요소는 '우울감을 느끼는 것' 그리고 '흥미와 즐거움의 상실'이죠. 이 두 가지 중 최소 한 가지에는 반드시 해당해야 우울증 진단이 내려집니다. 가령 우울한 기분이 종일 이어지고 나를 비롯한 타인에게도 그런 상태가 드러난다면 우울증 진단 가능성이 좀 더 높아집니다. 거의 매일 모든 것에 흥미가 없어 보인다는 것을 옆 사람이 느낀다면 이 역시 우울증을 의심해 봐야 합니다. 늘 해오던 취미 생활도 안 하고, 모든 것에서 의욕 상실을 경험하면서 직장에서도 일하기가 싫어지는 경우입니다. 그런데 많은 사람이 흥미가 떨어지는 상태를 간과하곤 합니다. 특히 남성분들이 그렇습니다. 그러니 원래 안 그랬던 남편이 게을러지고 나태해지는 것 같다면 무작정 채찍질할 게 아니라 그 사람의 감정 상태를 점검해 우울증이 찾아왔는지부터 알아봐야 합니다. 청소년은 어떨까요? 갑자기 성적이 떨어지거나 교우 관계에 문제가 생깁니다. 그리고 '이자극성'이라는 상태에 빠집니다. 이는 굉장히 예민해지고 짜증을 많이 내거나 톡 하고 건드리면 터져버릴 것 같은 상태를 말하죠. 너무 심하면 우울감은커녕 감정 자체가 느껴지지 않는 '감정 불능증' 상태가 되기도 합니다.

그 외에 '정신운동 지연'도 우울증 진단 기준에 속합니다. 생소하지만 정신운동이란 말 그대로 정신 작용으로 인해 발생하는 운동을 의미합니다. 이 정신운동이 느려지면 생각하고 말하고 행동하는 속도가 느려집니다. 생각의 속도가 느려지면 공부도 잘 안되고 직장에서 업무 처리도 더뎌집니다. 말의 빠르기뿐 아니라 몸의 움직임 자체가 느려지기도 하죠. 에너지가 완전히 떨어진 상태입니다. 반대로 이 같은 정신운동 에너지가 올라가면 초조한 상태에 빠지기도 합니다. 두서없이 말과 생각이 빨라지면서 부산스럽게 왔다 갔다 하고 몸도 과하게 움직입니다.

그 외에 '식욕과 체중 문제'도 우울증과 연관이 있습니다. 우울증일 때는 식욕이 떨어져서 체중이 빠지는데 한 달에 전체 몸무게에서 5퍼센트 이상의 변화가 생길 수 있습니다. 물론 반대로 단 음식과 자극적인 음식을 자꾸 먹게 되면서 체중이 급격히 늘어날 수도 있습니다.

'수면 문제'도 우울증과 관계가 깊습니다. 잠이 많아지거나 적어지기도 합니다. 즉 불면증과 과면증 모두 해당합니다. 하루에 15시간씩 잠만 자는데도 계속 잠이 온다면 우울증의 증상일 수 있습니다.

그다음 진단 기준으로는 '피로감'과 '집중력 저하 및 결정의 어려움'을 들 수 있습니다. 몸이 쉽게 피로해지고 집중력이 떨어지면서 무슨 일이든 쉽게 결정을 내리지 못하는 상태에 처하는 거죠. 일도 잘 안되고, 누군가와 대화할 때도 자꾸 요지를 놓치고 다른 생각을 하거나 멍해지고, 자꾸 깜빡깜빡하게 됩니다. 오류 난 컴퓨터처럼 실행 자체가 원활하지 않은 것입니다. 사소한 결정조차 확신을 갖고 내리지 못하는 등 우유부단해지면서 자연스럽게 실패와 잘못된 선택에 대한 불안도가 높아집니다.

그 외 진단 기준은 '무가치함과 죄책감'입니다. 무가치함은 '나는 가치가 없는 인간이야. 이 세상 살아서 뭐 해'와 같은 허무주의에 빠진 상태입니다. 마찬가지로 이때의 죄책감은 진짜 잘못을 해서 느끼는 감정이 아니라 부적절한 죄책감, 즉 과도하게 느끼는 죄의식을 의미합니다. 이것이 심각해지면 거의 망상 수준에 이르기도 합니다. 가령 '내가 지금 이렇게 힘든 건 그동안 잘못 살아와서 그런 거야. 그래, 다 내가 못나서 그런 거야'라는 생각을 자주 하고, 아주 사소한 일조차도 자신의 잘못으로 몰고 가는 상태입니다.

과도한 죄책감이 꼬리에 꼬리를 물고 이어지면 '죽음에 대한 생각'에까지 이르게 되는데, 이는 죽음에 대해 느끼는 공포와는 다릅니다. 처음에는 구체적인 계획 없이 반복적으로 막연한 자살 생각을 하지만 심해지면 구체성을 띤 자살 계획을 하는 단계에 이를 수 있습니다.

지금까지 설명한 아홉 가지 진단 기준 중 다섯 가지 이상의 증상이 나타난다면 우울증 진단을 내립니다. 그런데 여기서 중요한 것은 이런 증상이 일주일 내내 이어진다고 해도 그것 자체가 문제는 아니라는 점입니다. 스트레스를 많이 받아서 에너지가 다운되면 언제든 이런 증상이 나타날 수 있기 때문입니다. 다만 이런 증상이 2주 이상 지속되면 정말로 우울증이 찾아온 것이라 판단할 수 있죠.

그리고 더 중요한 건 정신과 진단 기준 중 중요한 요소가 '일상생활에 지장이 있는지' 여부라는 것입니다. 사회적인 활동과 기능적 측면에서 심각한 고통이나 장애가 없다면 우울증이 아닙니다. 학생이라면 성적이 뚝뚝 떨어질 수 있고, 주부라면 살림이나 육아에 지장이 생기는 정도의 강도입니다.

정식 우울증 진단 기준은 아니지만 흔한 증상들도 있어 덧붙여 보려 합니다. 바로 '신체 증상', '일중변동', '과도한 분노'입니다. 신체 증상으로는 과민성대장증후군과 가슴 답답함, 두통 등을 들 수 있습니다. 일중변동은 아침에 눈은 떠 있고 정신은 깨어 있지만, 일어나는 게 힘들고 그냥 그 자리에 계속 머물고 싶은 상태입니다. 기분이 저조하고 불안이 동반되는데 특히 아침에 불안함과 초조함을 느낍니다. 부정적인 생각도 아침에 마구 몰아치기 때문에 하루를 시작하기가 버거운데, 이는 오후가 되면서 차츰 나아집니다. '과도한 분노'는 충동적인 행동을 유발합니다. 분노하거나 짜증을 내고, 말과 행동으로 타인을 공격할 수도 있습니다. 자신에게 뭔가 안 좋은 일이나 불행한 일이 생기면 그걸 남 탓으로 돌리는 증상도 여기에 해당합니다. 수치심과 불안감 등 자신의 불편한 감정을 스스로 처리하지 못하고 남 탓으로 돌리려 한다면 감정 조절 능력이 떨어지고 인간관계도 나빠지는 악순환에 빠지게 됩니다. 이런 경우 과거의 사건이나 언행을 반복적으로 생각하고, 심하면 망상을 하며 폭력을 행사하기도 합니다.

폭력 범죄가 조증보다 우울증인 사람에게서 더 빈번하

게 일어나는 것도 그 때문입니다. 특히 증오나 공격적 성향의 억압으로 우울증이 생기면 폭력적인 양상이 나타납니다. 가령 가정환경이나 사회적 지위가 주는 억압에 눌려 있다가 그것이 풀리는 순간 폭발하게 됩니다. 그래서 평소에는 안 그러던 사람이 갑자기 폭력적으로 변하면 분노조절장애라고만 생각할 게 아니라 우울증을 의심해 볼 필요가 있습니다. 자살과 타살이 이런 폭력적 성향으로 발생하기도 합니다. 우울증일 때 가족 동반 자살이 일어나는 것도 이런 이유 때문이죠.

그런데 한편으로 자살은 우울증이 극심할 때는 거의 일어나지 않습니다. 오히려 우울증에서 조금 회복되었을 때 가장 빈번하게 일어납니다. 우울증이 너무 심할 때는 에너지 자체가 고갈되기 때문에 살짝 회복했을 때 실행에 옮기게 되는 것입니다. 그러므로 주변 사람들은 우울증 당사자가 어느 정도 회복되어 실행력을 갖추는 그때 더 섬세히 살피고 주의를 기울여야 합니다.

지금까지 우울증을 진단하는 기준들에 관해 다소 장황하게 이야기했던 건 그만큼 우울증이 우리의 일상 깊은 곳까지 스며들어 있기 때문입니다. 현장에서 내담자들을 만나다 보면 이런 상황을 정말이지 온몸으로 체감합니다. 그리고 한편으로는 우울감과 우울증을 제대로 구분 짓고 다음 페이지로 넘어가기 위한 것이기도 합니다. 앞에서도 말했듯이 우울증에 걸린 것이 아니라면 일상에서 우울한 감정을 경험하는 것은 절대 불행한 일이 아닙니다. 우울감을 느끼는 동안에는 관심의 초점이 외부가 아닌 자신에게 맞춰집니다. 평상시에는 주로 바깥쪽에 신경 쓰면서 내면을 들여다보지 않던 사람들이 우울감을 경험하면 점차 내면으로 관심의 축을 이동시키며 어느새 자신을 깊이 성찰하는 사람으로 바뀌곤 하죠. 한 사람의 긴 인생을 두고 봤을 때 이런 경험은 인간관계를 맺고 사회생활을 하는 데 큰 도움이 됩니다.

우울감이 삶을 살아가는 데 반드시 필요한 감정이라는 사실을 깨닫고 나면 이 우울감이 우울증으로 깊어지지 않고 계속해서 내 안에서 건강한 작용을 할 수 있도록 노력하는 자세가 정말 중요함을 깨닫게 됩니다. 다시금 강조하지만 특히 남성은 여성에 비해 뒤늦게 우울증을 알아차리는 경우가 많습니다. 심지어 자신이 우울증이라는 걸 알아차리는 과정에서도 이를 감정적으로 느끼기보다는 일상생활과 업무에서 에너지가 확 떨어지면서 무기력해지는 것으로 간접적으로 알게 됩니다. 이들이 평소 자신의 감정 인식에 크게 관심이 없고 감정 자체에 둔감하며 우울감에 관해 부정적이기만 한 경우가 많기 때문이죠. 그래서 중년 남성은 우울감을 느껴도 타인에게 자신의 감정 상태를 쉽게 털어놓지 않습니다. 그러다가 평소에 하지 않던 일탈을 하는 등 돌발 행동을 해 주변 사람들을 놀라게 하거나 물의를 빚습니다.

이쯤에서 우울감이 삶에 필수적인 감정이라면 우울감이 찾아올 때마다 그 감정을 온전히 만끽(?)해 보고는 싶지만, 우울감이 우울증으로 진행될까 봐 두려운 사람들을 위해 도움이 될 만한 자가 치료법도 한 가지 소개해 보려 합니다. 정신의학적으로 근거가 있는 딱 한 가지 치료법입니다. 우울증의 비약물학적 치료제라고도 불리는데, 바로 '매일 30분 이상 약간 숨이 찰 정도로 걷기'입니다. 우울할 때는 에너지가 떨어지기 때문에 움직이기조차 싫은 것이 사실입니다. 그러나 억지로라도 움직여야 합니다. 입원 병실에서도 우울증 환자들이 누워만 있지 못하도록 침대를 반쯤 세우죠. 그만큼 몸의 움직임은 정신에도 큰 영향을 미칩니다. 평소 우울감이 길어진다면 그때마다 운동을 해보거나 그조차도 힘들다면 걷기라도 해보는 것이 중요합니다.

기본적으로 우울감 해소를 위해서는 잘 먹고, 잘 자고, 잘 움직여야 합니다. 또한 자신을 압박하는 일상적인 역할에만 몰두할 게 아니라 쓸데없지만 평소에 하고 싶었던 무언가에 도전해 보는 것이 중요합니다. 이는 단순히 스트레스 해소 차원이 아니라, 내 마음에 집중해서 내가 무엇을 원하는 사람이고 무엇을 하고 싶어 하는 사람인지 파악할 수 있는 기회가 되어주기도 하죠. 우울감이 길어지면 마음이 위축되기 때문에 책임이나 역할과 관련한 압박감이 더 크게 다가오고, 내가 잘못하고 있다는 자책이 심해집니다. 그런 상황에서 쓸데없는 일에 에너지를 쓰기란 더더욱 힘들 것입니다. 그래서 쉬라고 해도 잘 쉬지 못하고 여가도 제대로 즐기지 못합니다. 그러나 이럴 때일수록 마음이 다소 불편하더라도 아예 다른 쪽을 바라볼 수 있도록 무용한 시간을 보낼 필요가 있습니다. 즉 역할 압박과는 무관한 쓸데없고 소모적인 일을 해보는 것입니다. 취미 생활을 즐기거나 TV를 보는 등 평소에 무가치하다고 생각되는 일을 해 보면 감정 회복에 큰 도움이 됩니다.

인간의 뇌는 생존과 쾌락 두 영역으로 나뉩니다. 생존은 일하고 양육하는 등 살아가기 위한 건설적인 행위와 연관된 것인데, 그것에만 너무 몰두하면 뇌도 지치기 마련입니다. 번아웃이 심해지면 우울증에 빠지죠. 그러므로 뇌의 쾌락 영역과 생존 영역의 밸런스를 어느 정도 맞춰주는 건 정말 중요한 문제입니다.


"의지가 약하니까 우울증에 걸리는 거야."

우울증에 빠진 사람에게 절대 해서는 안 될 말입니다. 사람의 감정을 억지로 바꿀 수 있다고 착각하는 사람일수록 이런 말을 자주 합니다. 우울증조차도 마음먹기에 따라 얼마든지 쉽게 극복할 수 있다고 믿는 것이죠. 그러나 심한 우울증은 의지로 극복하기가 거의 불가능에 가깝습니다.

그러므로 우울한 감정이 깊어질 때는 절대 자신을 나약한 존재라며 채찍질하지 마세요. '우울하다'라는 신호를 보내는 사람에게도 마찬가지로 다그치지 마세요. 우울한 감정은 앞만 보고 달려가는 삶의 속도를 잠시 줄이고 자신을 좀 돌보라는 마음의 신호입니다. 정신적·신체적으로 부하가 걸려 에너지가 바닥까지 떨어져 있으니 무리하지 말고 쉬어 가라고 마음이 내게 건네는 조언입니다.

무엇보다 우울한 상태는 결코 영원하지 않습니다. 우울의 터널을 빠져나오면 다시 생각의 폭은 넓어질 것이고, 서서히 객관적인 판단 능력도 회복될 것입니다. 다시 찾아올 미래가 있다는 사실을 우리 모두 절대 잊지 말아야 합니다.

# 영원히 함께해야 할 친구

_불안

우리는 생애를 살아가는 동안 숱한 불안에 시달립니다. 불안은 인간이 태어난 후 자신이 세상과 분리된 독립체임을 인식하는 단계에서부터 형성되는 정서인 만큼 아주 근원적인 감정이죠. 이후 성장하는 과정에서 우리는 각자의 상황에서 개별적인 불안을 겪기도 하고, 한 사회의 시대적 불안을 함께 겪기도 합니다. 그런데 이 불안한 감정이 얼마나 사람을 힘들게 하기에 '불안이 영혼을 잠식한다'라는 잠언까지 있는 걸까요?

이는 불안의 속성 때문이기도 합니다. 불안해하는 사

람에게 그 이유를 물어보면 딱히 명료한 답을 내놓지 못합니다. 불안은 그 이유와 실체를 정확히 모른다는 것이 문제입니다. 그에 비해 두려움과 공포는 대상이 분명하고 구체적이죠. 우리는 특정한 무언가 혹은 상황에서 공포를 느낍니다. 그래서 저마다 무엇이 두려운지, 무엇이 공포스러운지 명료하게 말해줄 수 있습니다. 특정 공포증의 경우 어떤 대상이나 상황이 감당할 수 없을 정도로 두려우면 그것을 특정해 놓고 피하면 됩니다. 임기응변일지라도 우선은 대처가 가능한 것이죠. 만약 동물 중에 새를 무서워하거나 깊은 바다에 공포를 느끼는 사람이라면 '새' 혹은 '깊은 바다'만 피하면 무서울 일이 없기 때문에 공포는 우리에게 비교적 통제가 가능한 영역입니다.

그러나 불안은 대상을 특정 지을 수 없어서 괴롭습니다. 한마디로 공포는 눈앞에 보이는 것, 불안은 눈앞에 보이지 않는 것이라고 설명할 수 있습니다. 두려움이 떠나고 난 자리에 남는 것이 불안이라고도 설명할 수 있습니다. 공포나 두려움은 현실에서의 확실한 위협 대상이 눈앞에 있을 때 생기는 감정이기 때문에 대상이 사라지면 두려움 또한 사라지기 마련입니다. 그러나 강렬했던 그때의 두려움 때문에 '그 공포가 다시 찾아오면 어쩌지?' 하는 불안이 그곳에 자리 잡게 되는 것입니다.

여러 가지 불안 중 제가 가장 우려하는 불안은 '사회불안'입니다. 정신과 의사인 저조차도 관계에서 문제를 겪거나 경쟁에서 뒤처질까 봐 불안을 느끼는 경우가 종종 있으니까요. 이는 현대인을 괴롭히는 대표적인 불안 요소입니다. 다른 사람의 평가나 비판을 두려워하는 것이죠. 거의 모든 사람이 각자 자신이 처한 사회적 관계 속에서 사회불안을 느낍니다. 엎친 데 덮친 격으로 매체와 SNS까지 이를 강화하면서 사회 전반에 혐오와 마녀사냥이 만연해지고 있습니다. 각종 관찰 예능이 인기를 끄는 이유도 그 지점에 있습니다.

사회불안이 팽배한 상황에서 대중은 특정 대상을 '빌런'으로 만들어 비난하는 것으로 자신의 불안도를 낮추려 합니다. 일종의 '그림자 투사'입니다. 나와 직접적인 연관이 없고 특별한 이유도 없는데 싫은 사람이 있다면 그 원인은 나의 무의식에 내재한 어두운 면 때문일 겁니다. 자신의 불편한 상황이나 생각 등 부정적인 면을 제3자에 투사

해서 그의 탓으로 돌리고, 자신은 그렇지 않다며 안심하고 불안도를 낮추려는 것이죠. 그런데 비사회적인 언행, 속물적인 근성, 관심받고 싶은 욕구, 소심한 태도…. 이는 누구에게나 특정 상황에서 발현될 수 있는 지극히 일반적인 인간의 속성입니다. 그래서 우리는 늘 나도 언젠가 비난받을 수 있다는 막연한 불안함을 느끼죠.

그리고 불편한 진실이지만 우리는 모두 과거에 실제로 그런 공포를 느껴본 적이 있다는 것 또한 아주 중요한 지점입니다. 서로가 자신의 불안도를 낮추기 위해 폭탄 돌리기를 하는 사이에 우리 모두 가해자가 되기도, 피해자가 되기도 했던 것입니다. 물론 이런 공포를 느낀 사람이 많아질수록 불안을 느끼는 사람도 비례해서 많아질 수밖에 없습니다.

문제는 이런 경험이 강화되면 혐오의 강도는 점점 더 세지고, 상대를 향하는 비난이 콘텐츠가 되어 확대 재생산되면 사회불안은 더 커진다는 데 있습니다. 서로 비난하고 평가하는 구도에 열광하는 대중의 속성을 잘 활용한 서바이벌 예능의 엄청난 인기와 화제성도 이를 뒷받침하는 근거입니다.

최근 넷플릭스에서 방영된 「흑백요리사」의 인기도 마찬가지입니다. 출연자들의 서사와 요리 실력이 가장 큰 인기 요인이었겠지만, 근본적으로는 무명 셰프와 셀럽 셰프를 경쟁시키고 단 두 명의 심사위원이 서로 다른 평가로 대립하는 것이 색다른 몰입 요소로 작용했습니다. 당연히 빌런으로 낙인찍힌 출연자에게는 악플이 쏟아집니다. 자신에 대한 평가와 비난은 두려워하면서 타인을 향한 평가와 비난은 서슴지 않는 사람들의 심리를 교묘히 활용한 것이죠. 두려움이 클수록 희열도 커지는데, 이런 감정이 매체를 통해 아주 빠르게 확산되면 개인의 불안은 더욱 커질 수밖에 없습니다.

우울증과 마찬가지로 정도가 심해지거나 기간이 길어지는 불안도 다양한 정신적·신체적 증상을 야기합니다. 정신과에서는 불안이 동반하는 신체 증상과 행동 증상에 관해 이렇게 정의합니다. 먼저 신체 증상으로는 머리가 아프고, 가슴이 두근거리고, 혈압이 상승하고, 심장이 빨리 뛰거나 소화가 안되고, 소변이 자주 마려운 것을 들 수 있습니다. 그리고 행동 증상으로는 몸이 처지고 느려지는 게 아니라, 가만히 있지 못하고 자꾸 서성이며 매사 과하게 반응하는 것을 들 수 있고요.

가장 큰 문제 증상은 불안이 '회피'라는 부작용을 낳는다는 점입니다. 인간에게는 관계를 맺는 것이 중요한 본능인데, 타인에게 평가받고 비난받는 것에 대한 불안이 커지면 커질수록 관계 자체를 회피하게 됩니다. 직장에서는 회식도 잘 안 가려 하고, 친구를 만나는 대신 SNS 관계에 집착합니다. 혼자 있으면 안전하다는 착각 때문입니다. 불안을 생산하는 두려움 자체를 차단해 버리려는 시도입니다. 그러나 이미 공포감을 느낀 상황에서 이렇듯 모든 대상으로부터 고립되는 선택만 하다 보면 아이러니하게도 불안감이 더 커지는 악순환에 빠지고 맙니다. 인간은 사회적 존재이기 때문에 학교나 직장에서 왕따를 당할까 봐 혹은 가족과 친구 관계에서 배척당할까 봐 늘 불안해하면서도 아이러니하게 그때마다 고립을 선택합니다. 이는 삶의 영역을 줄이고 제한하죠. 진로 선택과 인간관계의 폭을 줄이고, 심지어 자신의 역량을 제한해서 결국 불안장애에 이르게 되기도 합니다.

그렇다면 극심한 불안은 무엇으로 발현될까요? 불안이 쭉 지속되다 보면 긴장 상태가 이어집니다. 당연히 에너지가 많이 소모되어서 나중에 번아웃이 오기도 하는데, 가장 안 좋은 상황은 극심한 불안이 강박으로 변주되는 것입니다. 특히 완벽주의를 지향하는 꼼꼼한 성격을 지닌 사람의 경우 자신의 불안도가 높아지면 주변 사람에게 그 불안을 전가하는 경우가 많습니다. 가령 일을 시켜놓고 끊임없이 체크하는 상사도 이 경우에 속합니다. 그 사람의 객관적인 능력과는 무관하게 내가 기대하는 것만큼 완벽하게 해내지 못할 수도 있다는 불안함에 계속 채근하고 반복적으로 확인하려 드는 것이죠. 이 과정이 반복되면서 강박증은 더 심해집니다.

당장은 그것을 확인하는 과정에서 불안노가 내려갈 수 있겠지만 이는 악순환의 시작이자 '언 발에 오줌 누기'와 같습니다. 자신의 완벽주의 성향으로 인한 불안감을 줄이는 데 근본적인 해결책이 아니기 때문입니다. 타인을 옥죄고 끊임없이 채근하면 일시적으로는 안정감을 느낄 수 있습니다. 그러나 이런 경험으로 인해 비슷한 상황에 처하면 같은 패턴을 반복하게 됩니다. 나중에는 일이 잘 진행되고 있는지 확인하지 않으면 불안해서 도저히 견딜 수가 없는 상황에 이르죠. 상대방은 또 얼마나 힘들고 짜증이 날까요? 그렇게 갈등을 겪게 됩니다. 그리고 갈등은 다시 불안을 야기하죠. 이렇게 되면 그 상대 역시 갈등을 회피하게 될 것입니다. 근본적인 해결책을 고민하는 대신 상사의 기준에 맞춰 꼼꼼히 한 일을 확인받는 편을 택할 것입니다. 그렇게 하면 상사의 강박이 조금이나마 누그러질 것이라 기대하겠지만 안타깝게도 그런 일은 일어나지 않습니다. 이런 판단은 상사의 강박을 더 강화시킬 뿐이죠. 이렇게 우리는 어쩌면 서로가 서로에게 불안을 전가하고 끊임없이 재생산해 내는지도 모르겠습니다.

그렇다면 정말 불안을 다스리는 좋은 방법은 없는 것일까요? 앞서 언급했듯이 불안은 그 원인을 정확하게 파악할 수 없어서 힘든 감정입니다. 그러니 이 모호함 자체를 줄여보는 것이 좋겠죠. 구체적으로 무엇이 불안한지 자세히 살펴서 그 실체에 다가서 보려 노력하는 것도 좋은 방법입니다. 불안의 실체로부터 멀어지고 싶고, 이 문제를 그저 회피하고 싶은 본능을 거슬러 내가 불안해하는 무언가가 진짜 내가 경험한 두려움이 맞는지부터 뜯어보는 건 어떨까요? 나의 불안이 사실 존재하지도 않는 두려움에 관한 소설 같은 이야기 때문에 만들어진 거라면 얼마나 김이 빠지겠어요.

다소 원론적인 이야기일 수 있지만, 우울증과 마찬가지로 집중하고 있는 대상을 의식적으로 바꿔 다른 쪽으로 시선을 돌리는 것이 도움이 되기도 합니다. 그리고 정신적·신체적 에너지를 채우는 거죠. 불안도 우울처럼 심리적인 에너지가 떨어지고 지쳤을 때 나타나는 현상으로 번아웃 상태와도 연관이 있습니다. 그러므로 에너지를 채워야 불안한 감정을 조절하고 견딜 힘을 얻을 수 있습니다. 우리는 누구나, 언제든 불안할 수 있습니다. 그럴 때마다 '나는 왜 이럴까?' 하고 자책하는 대신 그걸 감당할 수 있는 에너지를 키우기 위한 건강한 일상 지키기에 몰두해 보세요. 내가 즐거움을 느낄 수 있는 일을 의식적으로 찾아 나서야 합니다.

"오랫동안 불안과 마치 친구처럼 지내왔습니다."

봉준호 감독의 말입니다. 전 세계인이 주목하는 감독

으로서 작품을 만들 때마다 얼마나 큰 부담을 느끼고 불안했을까요. 신경안정제를 먹을 정도였다고 합니다. 그런데 봉준호 감독은 그런 불안에 '친구'라는 이름을 붙여주었습니다. 앞서 언급했듯이 불안에 반드시 부정적인 면만 있는 것은 아닙니다. 불안이 때로는 나를 지켜주는 든든한 친구가 되어줄 수도 있죠. 불안은 위험한 상황을 미리 감지하는 레이더이자 익숙하지 않은 상황에 놓여 있을 때 적응하려는 의지를 불러일으키는 장작과도 같습니다.

가령 새로운 업무를 시작하거나 배워야 할 때는 내가 잘 적응하고 해낼 수 있을지 판단이 안 서고, 과거에 그러지 못했던 기억이 떠오르며 절로 불안해지기 마련입니다. 그런데 학습적인 측면에서는 이때 조금 불안한 편이 낫습니다. 적응하려는 의지가 있을 때 사람은 훨씬 더 집중하는 경향이 강하기 때문입니다. 불안하면 시야가 좁아지고 뇌의 기능이 떨어져서 멀티태스킹이 잘되지 않기 때문에 오히려 집중력이 높아지는 원리죠.

그리고 불안도가 높은 사람은 스스로 그 상황을 벗어나기 위해 부단히 노력합니다. 그런 경험이 쌓이다 보면 늘 편안한 상태에 있는 사람보다는 돌발적인 상황에서의 대

처 능력이 높아집니다. 영화 「인사이드 아웃 2」에서 불안
이 라일리에게 온갖 나쁜 상황을 가정하게 하고 스트레스
를 주지만, 동시에 하키 연습에 몰두하게 하는 에너지를 만
들어낸 것처럼 말입니다.

여기서도 강조하고 싶은 이야기가 하나 더 있습니다.
불안도 분노와 마찬가지로 표면적인 감정에 불과하다는
것입니다. 분명 그 이면에는 나를 불안하게 만드는 또 다른
감정들이 숨어 있을 것입니다. 물론, 타고나기를 불안도가
높은 사람이 있고, 성장 과정에서 불안이 증폭된 사람도 있
습니다. 다만 모든 사람에게는 저마다 불안의 원인이 따로
있습니다. 그리고 그것이 갈등을 일으켜서 불안을 야기하
는 것이죠.
　그래서 불안이라는 감정 자체가 아니라 내 마음속에
어떤 갈등 요소가 있길래 불안을 일으키는지 그 이면을 들
여다봐야 합니다. 그것들을 가만히 느껴보며 지금 내 마음
이 무엇을 고민하고 있는지, 어떤 갈등을 겪고 있는지 이해
하려고 노력하다 보면 불안했던 마음은 점차 가라앉기 마
련입니다. 이렇게 불안을 다스리는 나만의 방법을 찾게 되

면 불안은 나를 힘들게 하는 부정적인 감정이 아니라, 봉준호 감독의 말처럼 언제나 나를 지켜주는 든든한 친구가 되어줄 것입니다.

# 내가 나를 인정해 주지 못할 때

_ 수치심

'수치심은 자신의 행위가 타인에게 무시당하는 모습을 바라보는 인간의 내면에서 일어나는 일종의 슬픔이다.'

네덜란드 철학자 스피노자(Spinoza)의 말입니다. 이는 '수치심이란 무엇인가?'라는 질문에 대한 지극히 일반론에 가까운 답입니다. 실제로 수치심을 정신의학적으로 정의하면 '타인으로부터 존중받지 못하는 데서 비롯된 고통스러운 정서'이므로 상당히 비슷한 면이 있습니다.

좀 더 구체적으로 설명해 보자면 수치심은 외부의 자극으로 내가 무시당했을 때 느끼는 감정입니다. 주로 자율성과 존재감을 인정받지 못할 때 느끼는 감정으로 사람에 따라서는 그 어떤 감정보다 괴롭고 고통스러울 수 있습니다. 그런데 이 수치심에는 성장 과정에서의 경험이 아주 큰 영향을 미칩니다. 가장 흔한 예는 어린 시절 부모가 자신을 인정하거나 존중해 주지 않고 늘 비판과 비난을 일삼았던 환경에서 자란 경우입니다. 이런 사람은 성인이 된 후 타인에게 부정적인 지적을 받았을 때 남들보다 더 강한 수치심을 느낍니다.

진짜 문제는 어렸을 때부터 자신의 존재를 부정당하는 경험을 반복하다 보면 나중에는 타인이 나를 어떻게 평가하는지와 무관하게 스스로가 자신을 별로인 사람, 뭔가 문제가 있거나 한심한 사람이라고 낙인찍는다는 데 있습니다. 그리고 자신의 이미지, 즉 자아상을 이렇듯 부정적으로 설정한 사람은 타인이 자신을 존중하지 않는 것 같은 느낌을 조금만 받아도 극도로 예민해집니다. 제가 수치심을 다루면서 가장 주목하는 부분도 바로 이 지점입니다. 수치심의 기저에는 타인이 아니라 '내가 나를 인정하지 못하는 감정'이 깔려 있습니다.

물론 모든 감정이 그렇듯이 수치심도 사람마다 느끼는

강도가 제각기 다릅니다. 회사에서 상사로부터 팀 전체가 업무상 부정적인 평가를 받고, 인신공격에 가까운 지적을 당하는 상황에 처했어도 팀원마다 느끼는 수치심의 정도는 다릅니다. 그것을 표출하는 방법과 행동화의 강도도 다르고요. 수치심을 유난히 크게 느끼는 사람 중에는 그것에 비례해서 반응도 강하게 하는 사람이 있습니다. 자신이 느낀 감정에만 집중해서 지나치게 짜증을 내거나 분노하죠. 반면에 어떤 사람은 자신이 느낀 수치심의 강도가 클지라도 타인을 향한 행동화는 자제합니다. 후자가 더 좋게 보일 수 있지만 마냥 그렇지도 않습니다. 이런 유형은 남에게 감정을 표출하지 않는 대신 스스로를 공격하면서 괴로움을 느끼는 유형일 가능성이 있기 때문이죠. 반응의 방향이 다를 뿐입니다. 이들 모두 수치심의 강도가 적성한 징도를 지나쳐서 감정을 제대로 인식 혹은 표출하지 못하고 있습니다. 두 경우 모두 그 기저에 내가 나를 인정하지 못하는 감정, 내가 나를 부끄럽게 여기는 감정이 있는 것입니다.

40대 중반의 한 남자가 있습니다. 해외에서 유년기를 보낸 덕분에 영어에 능통한 그는 여러 무역 회사에서 일했는데, 나이에 비해 회사를 자주 옮겨 다닌 편이었습니다. 몇 년 전 들어간 회사도 그만두고 지금은 다시 구직 활동을 하고 있죠. 그는 잦은 이직의 이유로 회사 시스템의 문제와 급여 및 복지의 열악함을 꼽았습니다.

그런데 그와 같은 회사에서 근무한 사람은 전혀 다른 이야기를 합니다. 그의 어이없는 실수가 회사에 입힌 치명적인 피해가 한둘이 아니라는 것입니다. 처음 한두 번은 실수라고 생각해서 팀 내에서도 덮어주었지만, 실수가 반복되다 보니 도저히 묵과할 수 없게 되었죠. 당연히 문책이 이루어졌고 그가 진행하던 일들을 다른 직원이 인계받아서 해외 관계자와 소통을 해보니, 그동안 그가 한 말의 대부분이 거짓말이었습니다.

그가 주문한 가구와 자재가 늘 제때 입고되지 못한 이유는 거래처의 문제가 아니라 그의 실수 때문이었습니다. 그는 근무하는 동안 수차례나 중대한 발주 실수를 저질렀습니다. 증빙 서류를 누락하거나 이메일 소통을 제대로 하지 않는 등 꼼꼼하게 일 처리를 하지 못했던 것이죠. 그때마다 거래처의 업무 프로세스는 늦어졌을 겁니다. 그런데도 그는 상사에게 자신은 제때 물건을 발주했는데, 거래처 혹은 해운사의 문제 때문에 입고가 늦어진다고 둘러댔습니다. 그러다가 고객에게 납품할 날짜가 임박했는데도 입고가 지연되는 주문 건 때문에 내부 실사를 하고 보니, 그가 아예 발주조차 하지 않았던 적이 있다는 사실마저 드러났습니다. 분명히 그는 회의 때 물건을 발주했고 담당자와 소통 중이라고 했는데 말이죠.

도대체 그는 왜 이런 말도 안 되는 거짓말을 했을까요? 진행조차 하지 않은 일을 하고 있다고 얼버무리고, 급기야 문제가 터지면 거래처 탓을 하고, 심지어 문서까지 조작했습니다. 결국 회사에 큰 손해를 끼치고 법적인 책임까지 지게 될 상황이 오자 사직서도 내지 않고, 짐도 제대로 챙기지 않은 채 그는 야반도주하듯 회사를 떠났습니다. 나중에 그의 아내가 회사에 찾아와서 그간의 자초지종을 이야기하고 용서를 구했다고 합니다.

아내의 말에 따르면 그는 타인의 지적을 잘 견디지 못하고 늘 심하게 자책해서 직장 생활 자체가 힘든 사람이었다고 합니다. 제가 판단하기로 그는 오랫동안 남들의 비난을 지나치게 내면화해서 스스로 자신을 무용한 존재라고 생각하게 되었고, 자신의 내면화된 수치심을 도저히 감당할 수 없는 지경에 이르자 거짓말로 상황을 모면하는 데만 급급했던 것으로 보입니다.

그가 수치심을 해결하기 위해 택한 임시방편은 거짓말이었습니다. 남들의 비난도 견디기 힘든데, 스스로 자신에게 화살을 돌리는 사람이다 보니 그 수치심을 도저히 감당할 수 없었을 겁니다. 일단은 피하고 보자는 생각을 했겠죠. 그리고 그는 아마도 무슨 일이든 잘 해내서 타인으로부터 인정받아야 한다는 강박 또한 강했을 겁니다. 이런 경우 실수를 하지 않기 위해 더 꼼꼼하게 확인하면서 완벽을 추구하려 들지만, 오히려 그로 인한 강박이 스스로를 무기력하게 만들었을 수도 있습니다.

그렇다면 수치심을 잘 컨트롤할 수 있는 방법은 무엇일까요? 수치심을 잘 다루기 위해서는 수치심 또한 다른 여타 감정들과 마찬가지로 주관적이라는 사실을 한 번 더 곱씹어야 합니다. 수치심 또한 누구나 느끼는 감정이지만 그 강도는 제각기 다릅니다. 어린 시절의 양육 환경 혹은 경험과는 무관하게 기질적으로 수치심이라는 감정에 민감하게 반응하는 사람도 있습니다. 똑같은 상황을 겪어도 수치심을 많이 느끼는 사람은 '내가 뭔가 부족해서 이런 말을 듣는구나!' 하고 자괴감까지 느끼지만, 수치심을 적게 느끼는 사람은 '나의 지금 행동이 부정적인 피드백을 받았구나' 하는 정도로 상황을 넘겨버리는 것이죠. 인간관계를 맺거나 사회생활을 하다 보면 당연히 후자가 더 성숙해 보일 수밖에 없습니다. 모난 구석이 없고 이른바 '쿨'하게 보이기도 합니다. 그래서 사람들은 자꾸 수치스럽다는 감정을 느끼면서도 그것을 인정하지 않으려 합니다. 마치 수치스러움을 느끼지 않는 사람처럼 보이고 싶은 것이죠. 그러나 수치심이라는 감정을 잘 다루기 위해서는 내가 지금 수치심을 느낀다는 사실을 직시하는 것이 매우 중요합니다.

우리 대부분은 수치심을 제대로 인식하지 못한 채 '누군가 나를 무시해서 화가 난다'라는 정도로만 인식합니다. 그래서 화를 참을 건지 말 건지만을 고민할 뿐 나의 수치심이 자극되었기 때문에 화가 났다는 사실조차 모르고 넘어가는 경우가 많습니다. 그러나 '내가 지금 수치심을 느끼고 있다'라는 사실을 인지하면 자신의 감정과 상황 자체에 대한 객관화가 가능합니다. 그러면 그 감정의 볼륨을 지나치게 키워서 스스로에게 상처를 입히거나 상황을 회피하기 위해 불필요한 행동을 하지 않을 수 있습니다.

그리고 내가 느끼는 수치심을 잘 인식하기 위해서는 비슷한 감정처럼 여겨지는 죄책감부터 명확하게 구분해야 합니다. 죄책감은 '나의 행동'이 잘못되었다는 생각 때문에 내재화된 양심이 작동해 드는 감정이고, 수치심은 그런 행위와는 별개로 '나의 존재' 자체가 타인으로부터 부정당했다는 생각 때문에 드는 감정이기 때문에 분명한 차이가 있죠. 죄책감보다는 수치심 때문에 더 고통받는 경우가 많습니다. 죄책감은 나 자체는 좋은 사람이지만 단지 나쁜 행동을 했을 뿐임을 의미하기 때문에 극복할 여지나 방법이 충분하지만, 수치심은 이미 내가 나쁜 사람이 되었고 심지어 자신의 치부를 타인이 지켜보고 있는 듯한 느낌을 동반하기 때문입니다. 그러므로 이 두 감정의 차이를 이해하고 개선하는 방법도 달리 마련해야 합니다.

이렇듯 수치심을 줄이기 위해서는 방어적이고 회피하는 태도에서 벗어나 내가 느끼고 있는 수치심 이면의 감정을 적극적으로 들여다봐야 합니다. 또한 내가 양심에 따라 잘못된 행동을 했다고 느끼는 것인지, 무방비로 노출되어 타인에게 나쁜 사람으로 낙인찍히고 있다고 느끼는 것인지를 분명히 하는 것도 중요합니다.

마지막으로 자기주장을 강화하는 것도 방법이 될 수 있습니다. 자신의 의견을 주장하는 건 자기 확신과 사랑에 기반한 행동입니다. 그런데 자기효능감이 없고, 스스로를 '별로인 사람'으로 여기면서 늘 위축된 상태로 살아가면 자신의 감정과 생각을 드러낼 시도조차 하지 않게 됩니다. 이런 사람들은 그저 남들이 자신을 어떻게 평가할지에만 촉각을 곤두세우기 때문에 오히려 사람들과의 깊은 상호작용을 피하죠. 그러다 보면 자신의 감정과 생각을 표현할 기회는 점점 더 줄어드는 악순환을 겪게 됩니다.

자기주장을 하는 행위는 자신이 어떤 생각과 감정을 지니고 있는지를 파악하는 데서 출발합니다. 지금껏 말해왔듯이 내 마음에 집중하면서 감정을 인식하고 수용해야 한다는 말입니다. 이 부분에서는 특히 어린 시절의 경험이 중요합니다. 그러니 부모라면 자녀가 평소에 자기주장을 펼 수 있도록 끊임없이 존중해 주어야 합니다. 부모가 아이를 양육할 때 다른 아이와 비교해서 자극하거나 '너는 도

대체 커서 뭐가 될래?'라는 식으로 인격적으로 무시하면 아이는 자신의 존재 자체를 부정당하는 경험 속에서 수치심을 내재화하게 됩니다. 그리고 청소년기에 아이가 자기주장을 하고 그것을 행동으로 옮기려 할 때 공감하지 않고 비난하는 태도로 일관하는 것도 아이들이 존재감을 잃게하고, 수치심을 느끼도록 자극합니다.

문제는 여기서부터 시작됩니다. 나중에 성인이 되면 조직의 구성원이자 독립된 인격체로서 자기주장을 해야할 때가 반드시 옵니다. 이때는 그러고 싶지 않더라도 적극적으로 자기주장을 해야만 하는데 어린 시절부터 자기주장을 하려는 순간마다 수치심을 느끼며, 제대로 내 의견을 주장해 본 적이 없는 사람은 자기 생각을 말로 드러내는 행위 자체를 꺼리고 감정의 볼륨을 줄이는 데 급급합니다. 수치심을 느끼는 순간이 괴롭고 불편하기 때문에 다른 감정이나 욕구까지 억압해서 또 다른 부작용을 낳는 것입니다.

그렇다고 어린 시절에 자기주장을 많이 못 해봤으니 이번 생은 망했다고 생각할 것도 없습니다. 지금부터라도 평소에 자기주장을 열심히 해보는 습관을 길러보면 되니까요. 이는 공격적인 성향을 키우라는 의미가 아니라 자신을 제대로 알고 표현하라는 의미입니다. 나의 감정과 생각을 제대로 인식하면 저절로 자아가 꿈틀대기 시작하고 망설임 없이 그것을 표현하려는 의지가 생깁니다. 나 자신은 하나밖에 없는 소중한 존재임을 인식하고 표현할 줄 알아야만 내면화된 수치심을 극복하고 세상의 잣대와 시선으로부터 자유로워질 수 있습니다.

물론 수치심도 다른 부정적인 감정과 마찬가지로 어느 측면에서는 우리 삶에 긍정적인 영향을 미칩니다. 수치심을 피하려고만 하지 말고 내가 감당해야 할 감정으로 받아들이고 직시하면 나의 부족함이 무엇인지 발견할 수 있죠. 조금 부끄럽지만 자기 성찰이나 반성을 하는 계기가 되기에 부족한 점을 보완하고 행동을 교정할 수 있습니다.

또 관계 측면에서도 수치심은 긍정적인 요인으로 작용할 수 있습니다. 괴롭긴 하겠지만 수치심을 마주하고 경험해 본 사람은 상대방이 느낄 수치심까지 고려하기 마련입니다. 상대의 미묘한 표정 변화부터 말투까지 조금 더 신경써서 살피며 동시에 자신의 말과 행동도 교정합니다. 이처럼 상대의 감정에 공감하고자 노력하면 관계 측면에서는 더 끈끈한 유대감을 가질 수 있습니다. 그래서 대인관계 측면에서는 수치심을 제대로 인식하려고 노력하는 편이 훨씬 유리합니다.

다만 수치심도 그 감정의 이면을 잘 들여다보는 것이 중요합니다. 사실 수치심이라는 단어는 일상에서 자주 쓰이는 단어가 아닙니다. 그래서 내 안의 수치심을 유발한 이면의 복합적인 감정에 대해 살피는 일이 더욱 중요합니다.

내가 왜 수치심이라는 감정을 제대로 마주하지 않으려 했는지 그 이유를 자신의 성장 과정과 연결해서 찬찬히 더 들어보시길 바랍니다. 그 과정에서 어렴풋하게 과거의 나와 마주할 수 있을 겁니다. 나로서는 최선을 다했다고 생각했지만 늘 부족하다고 다그치는 엄마로 인한 좌절감, 무엇이든 나보다 잘하는 친구와 어디서든 비교당해야만 했던 자괴감, 첫 직장에서 회의 때마다 아이디어를 묵살당하고 부정적인 피드백만 받으며 느꼈던 무기력감…. 당시의 괴로운 마음이 조금씩 올라오면 그때 느꼈던 수치심이 다시금 떠올라 고통스럽기도 할 것입니다.

그러나 오랫동안 외면해 온 나의 감정을 인식하는 것은 정말 중요합니다. 지금까지 쌓여온 감정이 어느 지점에서 터져버리면 그때는 온전히 감당할 수 없을지도 모르기 때문입니다. 특히 타고나기를 수치심에 예민한 사람은 똑같은 비난을 받아도 남들보다 더 크게 수치심을 느끼거나 움츠러듭니다. 이런 사람을 다그치거나 혼내면 수치심은 더 커질 뿐입니다. 그래서 수치심을 잘 느끼는 기질과 그런 감정을 부정하는 태도는 악순환을 낳는 조합이라 할 수 있죠. 그러므로 평소에 나의 감정을 잘 인식하고 내가 어떤 기질을 지닌 사람인지 파악하는 게 무엇보다 중요합니다. 유난히 부끄러움을 많이 타고 수치심에 취약하다면 이런 감정이 유발되는 상황에서 어떤 마음가짐과 태도를 지녀야 하는지 인식하면서 마음의 근육을 기르는 것이 방법일 겁니다.

이 대목에서 '나는 왜 수치심을 잘 느끼는 사람으로 태어나서 이렇게 고통받을까?' 하고 자책하는 분은 없기를 바랍니다. 개인의 기질은 단순히 타고난 성향과 같은 것입니다. 누구는 키가 크고 누구는 눈이 큰 것처럼 그것만으로는 어떠한 가치판단도 내릴 수 없습니다. 그러니 이제부터 우리가 해야 할 일은 딱 하나, 어쨌든 이런 나를 받아들이기 위해 최선을 다해 나에 관해 알아내고 알아낸 바를 수용하는 것뿐입니다.

# 내가 가진 것과 가지지 못한 것

_ 시기와 질투 그리고 혐오

주변에 '시기, 질투가 심한 사람'이 있나요? 물론 본인이 그런 사람일 수도 있습니다. 누구에게나 시기, 질투가 불쑥불쑥 고개를 내밀어 곤란한 상황은 찾아오고, 우리는 모두 그 불편한 감정이 들통나지 않도록 무던히 노력하며 살고 있으니까요. 나보다 뛰어난 역량과 사교성을 지닌 직장 후배, 사교육도 많이 안 시켰는데 딸이 단번에 원하는 대학에 합격했다는 친구, 주식과 부동산 투자로 내 연봉의 몇 배를 단숨에 벌었다는 직장 동료, 내 눈에는 특별해 보이지 않는 재능으로 한 방에 인생 역전에 성공한 유튜버….

나의 질투 본능을 자극하는 사람들은 세상천지에 널렸습니다.

그렇다면 보통 비슷한 의미로 쓰이고 그 구분도 모호해 보이는 이 시기와 질투의 정체는 무엇일까요? 비슷해 보이는 이 두 감정은 엄연히 구분되어야 합니다. 먼저 시기심은 '남이 가진 걸 갖고 싶을 때' 드는 감정입니다. 즉 스스로 무언가 부족하다고 느끼는 결핍감 때문에 남이 가진 것을 탐하는 감정 상태죠. 경쟁심이 과해서 상대보다 더 많은 걸 갖고 싶을 때 생겨나는 감정입니다. 그 대상은 돈이나 인기, 대인관계, 사회적 배경 등 무엇이든 될 수 있죠.

반면에 질투는 '내가 가진 걸 뺏길까 봐 불안할 때' 드는 감정입니다. 그래서 질투의 이면에 담긴 감정은 두려움입니다. 특정 관계에서 내가 배척될까 봐, 내가 사랑하는 사람을 누군가가 독점할까 봐, 나의 부나 정보를 빼앗길까 봐 두려움을 느낄 때 발현되는 감정이 바로 질투입니다. 주로 친밀감이나 애정을 간절히 원하는 사람일수록 내가 받는 애정을 다른 누군가가 빼앗아 갈까 봐 질투하게 됩니다.

그런데 여기 시기, 질투와 비슷한 감정이 하나 더 있습니다. 바로 부러움입니다. '부럽다'라는 감정은 시기나 질투보다는 순화되고 적대감이 없는 감정이라 할 수 있습니다. 나와 직접적으로 상관없는 분야의 대상까지도 다 포괄할 수 있어서 시기보다는 감정의 강도가 낮습니다. 강도가 높은 불편한 감정인 시기심은 분노를 유발할 수도 있고, 그렇게 강해진 시기는 혐오가 되곤 하기에 이러한 감정의 악화를 막기 위해서 우리는 평소에 부러움이라는 감정에 솔직해지고 때론 표현도 할줄 알아야 합니다. 시기와 질투의 감정이 올라오기 전에 솔직하게 부러움을 인정해 버리는 것이죠.

그렇다면 부러움과 시기, 질투의 끝에 찾아오는 혐오는 어떤 감정일까요? 일반적으로는 자신의 성향, 신념 등과 잘 맞지 않거나 위협적인 대상이라고 판단될 때 갖는 강한 거부감이라 할 수 있습니다. 그러나 제가 여기서 설명하려는 혐오는 시기와 질투가 커졌을 때 생기는 감정에 국한된 것입니다. 가령 남의 것을 탐하는 마음 자체가 혐오로 이어지지는 않지만, 자신을 타인과 비교하면서 열등감을 계속해서 자극하면 내가 가지지 못한 걸 갖고 있는 사람에 대한 부정적인 감정이 강화됩니다.

단순히 '나도 저렇게 유명한 인플루언서가 되고 싶어', '나도 저 사람처럼 한강이 보이는 고층 아파트에 살고 싶어'라고 생각하는 것은 혐오의 감정을 느껴서가 아닙니다. 그러나 '저 사람은 내가 갖고 싶어 하는 걸 다 가졌네. 나는 뭐가 부족해서 저 사람처럼 살지 못하는 거지? 분명히 저 사람은 부도덕한 방법을 썼을 거야!'라고 단정 짓고 부정적인 감정을 키워나간다면 그것은 이미 감정이 혐오로 확장되어 가는 중이라고 말할 수 있습니다.

요즘 우리 사회에는 사회·경제·문화·교육 등 거의 모든 영역에 걸쳐 혐오가 퍼져 위험 수위를 넘나들고 있습니다. 그중에서도 널리 알려진 인물에 대한 혐오는 일종의 놀이처럼 확산하고 있죠. 평소에 호감을 느끼지 않았던 대상에 대한 부정적인 여론이 형성되면 순식간에 증오로까지 발전되어 그가 혐오의 대상이 되어버립니다. 아이러니하게도 그 과정에서 사람들은 나 역시 타인 혹은 불특정 다수로부터 언제든 혐오의 대상이 될 수 있다는 막연한 두려움을 느끼기도 합니다.

저 또한 개인 유튜브를 운영하고 있는 사람으로서 유

튜버들의 세상에서도 시기와 질투가 난무한다는 것을 잘 알고 있습니다. 이는 유튜버들이 요즘 연예인 못지않게 유명세를 누리고 있기 때문일 것입니다. 시기와 질투의 특성상 비슷한 장르의 유튜버들일수록 양상은 좋지 않습니다. 물론 선의의 경쟁을 하면서 더 좋은 콘텐츠를 생산하고 협업을 통해 시너지를 내는 경우도 많습니다. 부러움 그 자체에 집중하는 경우가 그러합니다. 그러나 지나치게 경쟁에 초점을 맞추면 부러움을 넘어 시기와 질투의 감정이 모든 것을 압도해 버립니다.

경쟁 채널의 구독자 수 증가세가 나의 채널보다 크거나 조회 수와 댓글 수가 눈에 띄게 많아지면 초조해지죠. 그러다가 다른 유튜버의 라이브 방송 중 댓글에서 나의 구독자로 추정되는 낯익은 닉네임들을 발견하면 그때부터는 질투심에 불이 붙습니다. 나의 팬이라고 믿었던 구독자들이 하나둘 나의 채널을 떠나 다른 채널에서 활발히 활동하고 있다는 것을 알게 되면 내 것을 빼앗긴 느낌이 들고 이러다가 전부 다 빼앗겨 버리는 건 아닌가 하는 두려움도 커집니다. 이때 나의 채널을 활성화할 방법을 고민하면서 재정비하는 대신 경쟁 채널의 동향을 파악하는 데에만 몰두하면 어떻게 될까요? 해당 채널을 흠집 내고 싶어지고 심하면 실제로 노골적인 비난까지 일삼게 됩니다.

시기심도 마찬가지입니다. 내 분야에서 이미 많은 것을 이루고 잘나가는 유튜버를 시기해서 그의 인기를 빼앗고 싶은 감정을 키워나가다 보면 혐오의 감정은 주체하기 힘들 정도로 강화됩니다. 심지어는 비슷한 감정을 느끼는 사람과 무리를 지어 행동하는 경향까지 보일 수도 있습니다. 끔찍하지만 타인을 혐오함으로써 안도감을 느끼는 지경에 이르는 것입니다.

이런 상황에서 진짜 내 마음을 들여다보는 건 정말 쉽지 않습니다. 그러나 인정할 수 없거나 꺼려지는 점이 있더라도 내 안의 감정이 무엇인지 인지하는 것은 매우 중요합니다. 지금 내가 누군가를 혐오하고 있다면 그 대상이 누구인지에 집중하는 대신 내가 그로부터 빼앗고 싶은 것이 무엇인지 혹은 내가 빼앗기지 않으려 애쓰는 것은 무엇인지 먼저 살펴봅시다.

물론 지금까지의 이야기가 '혐오 근절!'을 외치기 위함은 아니었습니다. 우리는 모두 인간이기에 누군가를 싫어하거나 증오할 수도, 혐오할 수도 있죠. 이 또한 자연스러운 감정입니다. 혐오의 감정을 아예 차단하라는 것이 아니라 혐오의 기저에 깔린 질투와 시기 그리고 그 아래에 파묻힌 부러움의 감정을 끄집어내 이리저리 살펴보자는 겁니다. 그래야 나를 괴롭게 하는 감정의 실타래를 어느 정도 풀 수 있으니까요.

그러니 혐오하는 감정은 아주 자연스러운 것입니다. 이런 내 감정에까지 솔직해지면 나의 성향과 기질, 과거의 경험에서 느낀 바까지 선명해지죠. 내가 싫어하는 그들의 공통점을 떠올려 볼까요? 그들이 싫은 이유를 구체적으로 생각하다 보면 분명히 공통점이 있을 것입니다. 그것이 바로 당신이 싫어하는 사람의 유형 혹은 혐오를 느끼는 대상의 특징입니다. 학창 시절 친구와 직장 동료, 연예인, 정치인 등 나에게 알 수 없는 거부감과 혐오감을 느끼게 만드는 사람이 있다면 그들의 공통점이 바로 당신이 싫어하는 사람의 유형이자 삶의 태도일 것입니다.

만약 특정 대상에 과한 애정을 표현하거나 누군가에게 지나치게 의존하려는 사람이 부담스럽고, 한 가지에 집중하면 주변 사람의 상황은 전혀 고려하지 않고 매달리는 사람이 꺼려진다면 당신은 집착하는 걸 싫어하는 성향일 수 있습니다. 기질적으로 독립적인 사람일 수도 있고, 과거에 집착이 심한 사람 때문에 트라우마적인 상황을 경험했을 가능성도 있습니다. 그런데 놀랍게도 내가 싫어하는 사람의 특징을 내가 지닌 경우에도 이런 혐오가 발동됩니다. 내가 내 안의 이런 특징을 혐오하기에 그런 면이 있는 누군가까지 이유 없이 꺼려지는 것이죠. 참 독특한 심리입니다.

그래서 내 감정을 깊이 파고들고, 내 감정에 솔직해지는 연습은 여러모로 도움이 됩니다. 내 마음이 어느 한쪽으로 치우쳐 있다는 것을 자연스럽게 인식할 수 있으니까요. 그 사실을 인정하고 나면 오히려 불편했던 마음이 서서히 편안해지고 뾰족했던 마음의 모서리도 조금씩 다듬어지면서 비로소 내 삶의 반경이 넓어지게 될 것입니다.

마지막으로 한 가지 팁을 더 제안해 드리자면 내 안의 시기, 질투가 자극되었을 때는 남과 나를 비교하는 대신 과거의 나와 현재의 나를 비교해 보는 것이 좋습니다. 이는 타인의 성취에 집중하기보다는 스스로 세운 목표에 집중하는 행위이고, 자신의 소중한 시간과 에너지를 나를 위해 쓰기로 결심하는 다짐입니다. 물론 말처럼 쉽지는 않습니다만 이런 노력을 계속하다 보면 어느새 타인에게만 향하던 관점을 나에게로 되돌릴 수 있을 것입니다.

우리는 꽤 자주 남의 성공과 행복을 부러워하면서도 그것을 자존심 상하는 일이라고 여깁니다. 그래서 '부러우면 지는 거다'라는 말도 참 많이 하죠. 그러나 제 생각은 다릅니다. 진심으로 부러워하는 사람만이 나의 삶을 온전히 살아갈 수 있습니다. 끊임없이 나와 타인을 저울질하며 사는 삶은 완벽히 주도권을 빼앗긴 삶입니다. 내 삶의 주도권이야말로 절대 타인에게 빼앗겨서는 안 되는 것이죠.

떠올려 보면 저는 언제나 솔직한 마음을 담아 "정말 부럽네요!"라고 말하는 이에게 호감을 느껴왔던 것 같습니다. 그런 사람에게는 내가 가진 것을 나누어 줄 마음까지 생기곤 했죠. 그러니 누군가를 시기하고 질투하는 데 삶을 낭비하지 마세요. 누구든 마음껏 부러워하고 표현하세요. 부러우면 지는 게 아니라, 부러워야 이기는 겁니다.

# 문득 혼자라는 생각이 밀려들 때
_ 외로움과 소외감

    도쿄의 청소부 히라야마는 한 치의 오차 없이 반복되는 하루를 살아갑니다. 새벽 무렵 동네 주민의 빗자루질 소리에 잠을 깨면 화분에 물을 준 뒤 자신만의 의식을 치르듯 옷을 갈아입고 준비물을 챙겨 길을 나섭니다. 히라야마의 일터는 시부야의 화장실입니다. 근사한 건축미를 지닌 공중화장실을 말끔히 청소하는 게 그의 일입니다. 퇴근 후에는 목욕탕에 가서 사우나를 하고 단골 선술집에 들렀다가 집으로 돌아와서는 헌책방에서 산 문고본을 읽으며 잠자리에 듭니다. 그리고 다음 날 아침, 다시 창밖의 빗자루질 소리를 들으며 어제와 같은 하루를 시작합니다. 일본 영화 「퍼펙트 데이즈」 속 주인공의 이야기입니다. 이 영화는 히라야마가 이전에 어떤 삶을 살아왔는지 친절히 설명해주지 않습니다. 그저 그가 채워가는 일상의 맥락으로 어렴풋하게나마 그의 서사를 짐작할 뿐이죠. 그 대신 영화를 보고 나면 외로움에 대한 생각이 꼬리에 꼬리를 물고 이어집니다. 하루하루를 온전히 혼자 보내는 히라야마가 웬일인지 그리 외로워 보이지는 않기 때문입니다. 이 영화에서 히라야마는 외로움이 혼자라면 필연적으로 느끼게 되는 정서가 아님을 끊임없이 보여주고 있습니다. 혼자 일을 하고, 혼자 목욕탕을 가고, 혼자 밥을 먹고, 혼자 여가를 보내는 히라야마는 고독하지만 외롭지는 않습니다.

그렇다면 외로움이라는 감정은 왜 우리를 찾아오는 걸까요? 흔히 사람들과의 관계에 문제가 생기거나 혼자가 되어 쓸쓸해질 때 느끼는 감정을 외로움이라고 생각합니다. 그러나 외로움을 이렇게 타인과의 관계 측면에서만 바라보면 인간은 영원히 외로움에서 헤어날 수 없을뿐더러 그 감정에 제대로 다가갈 수 없습니다. 사랑하는 사람이 곁에 있어도, 많은 사람에 둘러싸여 있어도 채워지지 않는 공허함을 느껴본 적이 있는 사람이라면 제 말의 의미를 충분히 이해할 수 있을 겁니다.

외로움은 '타인과의 관계'가 아니라 '나와의 관계'가 멀어졌을 때 찾아오는 감정입니다. 타인과 소원해지면 자연스럽게 상대에게 관심이 없어지듯이 나와의 관계가 소원해져도 마찬가지입니다. 나에게 관심을 두지 않으면 내가 진정으로 원하는 것이 무엇인지 알 수 없습니다. 그래서 외로움을 많이 타는 사람은 대개 자신과의 거리를 좁히지 못하고 소통에도 서툰 경향을 보입니다. 특히 자기 안의 다양한 감정을 있는 그대로 받아들이지 못한 채 거북한 감정은 억압하고, 익숙한 감정만 받아들이면서 자신과의 가짜 소통 속에서 살아가고 있을 가능성이 큽니다. 아무리 애써봐도 채워지지 않는 공허감에 점점 더 쓸쓸해지겠지만요. 이렇게 내면이 고립되면 자신과의 거리가 점점 더 멀어지기 때문에 나의 바람이 아닌 타인의 기대에 맞추는 삶에 익숙해져 갑니다. 일종의 자아 분열이라고도 볼 수 있습니다. 불편하다는 이유로 나의 일부를 부정하고 한쪽 측면만 받아들이면 자아는 통합되지 못한 채 분열할 수밖에 없습니다. 이런 면에서 히라야마는 비록 혼자였지만 오히려 자신과의 거리가 가까운 사람이었을지 모릅니다.

물론 외로움이라는 감정을 외롭게 두는 것도 문제입니다. 계속 말했듯이 감정에는 죄가 없습니다. 오히려 외로움을 무시하거나 외로움을 느끼는 자신을 나약한 존재로 여기며 감정을 감추는 것이 삶에 부정적인 영향을 미칠 수 있습니다. 외로움을 한시도 견디지 못해서 타인과의 관계에 지나치게 집착하면 나만의 독립적인 영역이 희생당하고 존재감은 훼손됩니다. 그렇게 점점 더 나 자신과 멀어지게 되죠. 나와의 소통이 단절될수록 관심은 외부로 향하는데, 대표적인 예로 외로움을 견디지 못해 쉬지 않고 연애를 이어나가는 사람을 들 수 있습니다. 그러나 나의 외로움을 달래기 위해 시작한 연애는 결코 근원적인 외로움을 채워주지 못합니다. 문제는 그러다 보니 상대와 연결되어 있다는 느낌을 받기 위해 더 많이 연락하고 더 자주 만나려 하면서 집착하게 된다는 데 있습니다. 이 때문에 상대에게 부담을 주고, 관계는 부자연스러워지기 마련입니다. 누군가 나를 계속해서 구속하려고 하면 어떨까요? 당연히 벗어나고 싶고 도망가고 싶겠죠. 결국에는 늘 그래왔듯이 헤어지는 순서를 밟게 됩니다. 이처럼 외로움에서 벗어나기 위해서 타인에게 집착하면 내면은 더욱 공허해지고 불안해집니다.

외로움에 대한 지나친 두려움 때문에 '호구'가 되기를 자처하는 사람도 있습니다. 20~30대 젊은 층은 물론이거니와 40~50대도 마찬가지입니다. 어느 정도 사회적 지위가 있고 주변으로부터 인정받았다고 생각되는 중장년층도 무리에서 소외당하지 않으려고 애쓰다 보면 호구가 되는 일이 비일비재합니다. 가령 특정 무리에서 소외당하지 않으려고 자기주장을 하지 않거나 다수의 의견에만 의존한 채 꾸역꾸역 여기저기 끌려다닐 수 있습니다. 언제 어디서나 내 지갑부터 열어야 한다는 강박이 생기거나 부탁을 거절하지 못해서 뒤늦게 후회하고 자책하는 일을 반복하기도 합니다. 회사에서는 능력 밖의 일을 떠안고, 가정에서는 성인이 된 자녀들에게 무리하게 금전적 지원을 하기도 합니다. 나이가 들고 연륜이 쌓여도 같은 공간에서 자주 만나거나 오랜 시간 일상을 함께해 오고 있는 이들에게 소외당하는 것은 두려운 일이기 때문이죠.

꼭 무리로부터의 소외감이 아니더라도 넘치게 애정을 줬던 이와의 단절이나 이별, 상실 또한 외로움을 불러옵니다. 주변에 아무리 많은 사람이 있어도 한 사람 혹은 어느 대상의 부재로 외로움을 느낄 수 있는 거죠. 특히 자신으로부터 독립해 가는 자녀를 바라보는 부모님의 마음이 그렇습니다.

사람은 나이와 상관없이 평생에 걸쳐 의존과 독립의 균형점 맞추기를 합니다. 특히 부모는 자신에게 전적으로 의존하는 아이를 위해 많은 것을 헌신하죠. 아이가 자신에게 의존하면 할수록 부모는 아이에게 자신의 시간과 에너지를 더 많이 쏟고, 그만큼 자신의 감정과 삶에 대해서는 주체적으로 고민하지 않게 됩니다. 성인이 된 후 공고해진 자아가 다시 분열되는 시기가 이때라 할 수 있습니다. 반면에 아이는 점점 커가면서 자아가 강해지고 청소년이 되면 부모에게 의지하는 영역도 줄어들면서 무엇이든 자기 주관대로 하려고 합니다. 독립된 인격체로서 자기주장을 펼치면서 부모와 연결된 끈도 서서히 놓으려고 하죠. 이 과정에서 부모도 다시 자신의 독립적인 삶을 살아갈 준비를 해야 합니다. 물론 '품 안의 자식'이라는 말이 있듯이 그 연결의 끈을 놓기가 여간 쉽지 않을 것입니다. 한동안 나를 잊고 부모 역할에만 충실했던 사람일수록 더욱 힘들 것이고, 나중에는 '빈 둥지 증후군'을 느끼면서 힘든 시간을 보낼 수도 있습니다. 이럴 때일수록 그동안 내가 나 자신과 많이 멀어져 있었다는 사실을 인정하고 자신에게 조금 더 가까이 다가가려고 노력해야 합니다.

누군가를 혹은 어떤 집단을 사랑해 본 적이 있는 사람이라면 외로움이라는 감정을 필연적으로 느낄 수밖에 없습니다. 그러니 외로움과도 기꺼이 친구가 되어보세요. 혼자만의 시간을 무엇으로 채워나갈지 고민하고 하나씩 의미 부여를 하다 보면 외로움과 기꺼이 함께할 용기가 생길 것입니다. 고독을 즐기며 나와 조금 더 가까워지는 시간을 가져보세요.

그리고 가족과 친구처럼 오랫동안 함께하면서 정서적으로 교감해 온 사람들에게는 나의 외로움을 어느 정도 털어놓아도 좋습니다. 가까운 관계일수록 서로의 감정을 솔직하게 드러내고 수용해 주어야 합니다. 깊은 관계는 서로가 내밀한 감정을 표현하고 그것이 받아들여져야만 형성될 수 있습니다. 상대방이 나의 감정과 생각을 전혀 읽을

수 없다면 그 관계는 지속 가능하거나 상호 충만한 관계가
될 수 없으니까요.

"무슨 재미로 사느냐는 질문을 종종 받는 사람입니다.
대신 걷는 것을 좋아합니다…. 사랑하는 가족, 다정한 친구
들과 웃음과 농담을 나누는 하루하루를 좋아합니다. 담담
한 일상에서 가장 좋아하는 것은 쓰고 싶은 소설을 마음속
에서 굴리는 시간입니다."

소설가 한강이 노벨문학상을 수상한 후 어느 공식 석
상에서 한 말입니다. 그녀는 영예로운 상을 받았지만, 그로
인해 자신의 일상이 달라지지 않길 바란다고 했습니다. 그
녀는 자신이 어떤 사람이며 무엇을 소중히 생각하고 언제
행복한지 너무 잘 알고 있는 사람이었습니다. 그래서 별거
아닌 담담한 일상을 지키는 것이 노벨상 수상의 영예만큼
이나 소중하다는 것도 이미 잘 알고 있었던 것이죠.

자기 자신에게 관심이 많은 사람은 외로움을 두려워하
지 않습니다. 삶의 한 부분으로 기꺼이 받아들이고 깊이 느
끼며 창작의 에너지로 삼기도 합니다. 그래서 외로움을 느
끼는 것보다 외로움조차 느끼지 못하는 것이 더 큰 문제입

니다. 인간의 보편적 감정인 외로움을 느낀다고 해서 열등한 것은 절대 아닙니다. 그러니 외롭지 않으려고 주변에 사람이 많은 '인싸'를 부러워하고, 그들처럼 되기 위해 나의 소중한 시간과 에너지를 낭비하지 않기를 바랍니다. 대신 나와 타인을 구분하는 데 더 많은 시간을 쓰기 바랍니다. 많은 사람이 나와 타인의 경계를 구분하지 못하고 명확한 자아상이 없는 상태로 살아갑니다. 그러나 나와 남이 구분되고 그 경계가 느껴지기 시작해야 비로소 나 자신에게로 관심의 방향을 돌릴 수 있습니다.

물론 알고 있습니다. 외로움은 수치심과 마찬가지로 제대로 인식하기가 어렵습니다. 사회문화적으로 열등한 감정으로 간주되어 외로움을 표현하면 나약한 사람이나 지나치게 감정적인 사람쯤으로 낙인찍힐 수 있기 때문입니다. 마치 나의 약점이 잡히는 기분이 들어 두렵기도 합니다. 그러나 앞서 설명한 부정적 감정들과 마찬가지로 외로움도 우리 삶에 얼마든지 긍정적으로 작용합니다. 외로움을 느껴야 관계적인 측면에서 내가 어느 정도의 깊이나 친밀감을 원하는지 그리고 그것이 제대로 충족되지 않았을 때 얼마나 불안해하는지 알 수 있기 때문입니다. 즉 외로움은 나에 대해서 더 잘 알 수 있는 계기이자 다시 외로운 감정이 찾아왔을 때 담담히 받아들이고 그 감정과 친구가 될 수 있는 삶의 경험치인 것이죠.

'외로움? 별것도 아닌 걸 갖고 왜?'라며 대수롭지 않게 여기지만 외로움은 찾아올 때마다 우리를 괴롭게 만듭니다. 그러므로 지나친 외로움이 내 삶을 좀먹고 있다고 느껴진다면 그 감정의 실체를 파악하기 위해 더 노력해야 합니다. 외로울 때 나의 생각, 감정, 행동은 어떤 패턴으로 작용하는지 잘 들여다보세요. 이런 인식을 하지 않으면 영영 악순환에서 벗어날 수 없습니다. 외로울 때마다 사람을 찾고 그러다가 호구가 되는 경험을 하고 나면 상처만 깊어질 뿐입니다.

누구에게나 혼자만의 시간이 필요하고 소중하다는 사실을 알면 외로움은 더 이상 부정적인 감정이 아닙니다. 혼자 있는 시간 속에서 기꺼이 외로움을 만끽하며 타인이 아닌 나 자신에게 관심을 기울여보세요. 나는 어떤 사람이고, 무엇을 좋아하나요? 어떤 음식을 먹을 때 행복하고, 어떤 사람을 사랑하는지…. 그 물음에 대한 답을 하나씩 찾아 나가다 보면 가짜 외로움에서도 벗어날 수 있을 겁니다.

'외로울 때가 제정신이다.'

서울대학교 정치외교학부 교수이자 작가인 김영민 교수의 책 『가벼운 고백』 속 글귀입니다. 외로움의 본질을 이보다 더 간결하고 명징하게 정의한 문장이 있을까요? 외로울 때 우리는 가장 '나다운 나'와 만나게 됩니다. 그리고 그 시간을 잘 보낼 수 있어야만 누군가와 함께하는 순간의 소중함도 깊이 깨닫게 되죠. 우리 모두 고독한 삶에서 때때로 외롭고 때때로 충만한 시간을 보낼 수 있다면 좋겠습니다.

수많은 감정과 함께 만들어질 우리의 견고한 자아.

그것이 때때로 나를 힘들게 하는 부정적인 감정조차

나를 위해 존재하는 이유입니다.

# 3장

# 긍정에 걸려 비틀거리지 않으려면

기쁨과 즐거움, 친밀감,
열정과 흥분, 자부심, 연민

# 긍정에 걸려 비틀거리지 않는 법

'긍정적인 마음가짐'을 가지려는 사람은 언제나 넘쳐 납니다. 그리고 긍정적인 마음가짐은 분명 삶을 살아가는 데 큰 도움이 됩니다. 스트레스를 줄여주고 지나친 비판에 빠지지 않게 해주죠. 긍정적인 사람은 좋은 에너지를 전해 주고 주변의 분위기를 끌어올려 주기 때문에 어디서나 환 영받습니다. 무엇보다 성공한 사람들은 대개 긍정을 신봉 하는 것처럼 보입니다. 긍정 확언을 하면 누구나 삶을 바꿀 수 있다는 콘텐츠가 넘쳐나는 세상이니까요.

그러나 감정에 관해서만큼은 이야기가 조금 다릅니다.

모든 감정이 입체적이듯 우리가 긍정적이라고 믿는 감정이라고 해서 우리 삶에 '긍정적인 영향'만 미치는 것은 아닙니다. 가령 기분이 들뜨고 유쾌한 상태는 분명 행복한 감정이지만, 그 역시 과하면 조증으로 이어집니다. 조증의 전 단계인 경조증은 활기가 넘치고 활동성도 높은 사람에게서 보이는 증상이라서 긍정적인 성격과 매우 비슷한 양상을 띠지만 엄연히 질병으로 분류됩니다.

늘 기분이 좋아 보이며 화려하게 꾸미고 다니는 사람, 사람들과 대화할 때 할 말이 많아서 주체하지 못하는 사람, 주식 투자를 시작했는데 잘될 것 같다며 대출까지 받고 주변 사람에게까지 권하는 사람…. 대개 이런 사람들은 활기 차고 매사 긍정적인 성향을 지닌 부류로 인식되지만 경우에 따라서는 경조증에 처한 사람일 가능성이 있습니다.

사람과의 관계 측면에서도 상대가 나를 어떻게 생각하는지는 고려하지 않은 채 무작정 들이대고, 적극적인 행동이 상대에게 호감을 얻을 수 있다고 단정합니다. 이런 태도 자체가 대인관계에서는 상대를 배려하지 못하거나 공감하지 못하는 경솔함으로 이어질 수도 있습니다. 또한 자신의 현실적인 문제들은 전혀 고려하지 않은 채 자신감에 도취되어 파이팅만 외쳐대는 경우도 많습니다. 이런 사람들은 비현실적인 기대감이 높은 편이라서 시험, 사업, 관계 등 모든 면에서 긍정 편향이 강합니다. 누가 봐도 상황이 좋지 않은데 무조건 잘될 거라며 주문을 외고 확신하는데, 이는 긍정이 아닌 '왜곡'입니다. 긍정성을 지나치게 강조하면서 개인의 감정과 그동안의 경험을 무시하고 억압하는 행위죠.

현실 왜곡이 심각해지면 지금 내가 처한 현실을 그대로 직시하고 진짜 나의 모습을 받아들이려 하지 않습니다. 점점 더 현실을 회피하고 원하는 결과를 얻지 못했을 때는 상대적으로 크게 좌절합니다.

이처럼 긍정 편향이 지나치면 낙관적인 희망에만 사로잡혀 문제의 심각성을 과소평가하고, 해결책을 마련하는 대신 그저 상황이 긍정적으로 흘러갈 것이라는 막연한 기대감만 갖게 됩니다. 현실과의 괴리는 점점 더 커지겠죠. 그래서 조증이 심해지면 곧 우울증을 불러옵니다. 이런 불상사를 방지하려면 무조건적인 긍정에 빠져 시간을 허비할 게 아니라 현실을 제대로 인식해야 합니다.

앞서 진화심리적 관점에서 우울의 감정이 지닌 긍정적인 면으로, 우울감이 들면 에너지가 떨어지기 때문에 상대적으로 에너지가 많이 드는 행동을 줄임으로써 생존 에너지를 비축할 수 있다고 했습니다. 그런 관점에서 지나친 긍정은 반대로 에너지를 낭비하는 것으로 해석할 수 있습니다. 그러다가 번아웃이 오는 사람도 많습니다. '나는 할 수 있다!', '다 잘될 거야!' 등 긍정 정신으로 무장하면 다 해낼 수 있다고 생각한 채 지나치게 무리해서 자신의 상태를 챙기지 못하고 한계점을 넘어서게 되는 것이죠.

긍정 몰입이 지닌 더 큰 문제는 자아를 통합적으로 수용하지 못한다는 것입니다. 자신의 긍정적인 면만 수용하고 부정적인 면은 회피하기 때문에 자아가 분열된 상태에 직면해서 내면의 안정감이 깨집니다. 늘 불안과 긴장을 느끼며 편안하지 않기 때문에 자연스러운 상태가 될 수 없죠. 또한 긍정 편향적 사고가 심해지면 이는 곧 과대망상으로 이어지기도 합니다. 지나치게 긍정적인 이야기만 하는 사람을 봐도 무언가 부자연스럽다는 것을 느낄 수 있습니다. 본능적으로 거부감이 들곤 하죠. 그러므로 우리가 긍정적이라고 여기는 감정들에만 너무 몰입하는 것은 결론적으로 위험합니다.

　그렇다면 기업을 이끄는 CEO들은 어떨까요? 남들이
가지 않는 길을 가고 실패를 두려워하지 않으려면 적어도
직원들보다는 더 긍정적이어야겠죠. 그러나 리더들이 긍
정 편향에 치우치면 오히려 큰 위기를 맞을 수도 있습니다.
직원들은 긍정적인 마음가짐으로 일하더라도 리더들은 늘
의심하면서 지나친 긍정성을 경계해야 할 필요가 있습니
다. 성공에 대한 지나친 낙관보다는 철저한 리스크 관리와
균형 잡힌 감각이 중요한 것이죠.

　엔비디아의 CEO 젠슨 황(Jensen Huang)이 '30일 뒤에
망할 수도 있다'라는 위기감을 늘 지니고 일한다는 일화는
유명합니다. 그가 지금껏 미래를 긍정적으로만 바라보지
않았기에 오늘날의 성공을 이어나갈 수 있는 것 아닐까요.
리더들에게 부정적 사고는 적절한 긴장감을 유지하게 하
고, 반응성을 높여서 문제적 상황에 민첩하게 대응할 근육
을 만들어줍니다. 조직을 보호하는 데 이보다 더 유용한 방
법은 없을 것입니다.

　사람의 생명을 다루는 의사들에게도 부정적 태도는 중

요합니다. 저는 원래 사람을 잘 믿는 편이라 다른 사람의 말과 행동에 큰 의구심을 갖지 않습니다. 대체로 긍정적인 성향을 타고났죠. 레지던트 생활을 할 때의 일입니다. 정신과 전문의들은 환자와 많은 대화를 나누고, 그 과정에서 정확한 진단에 도움이 되는 단서도 얻기 때문에 특히 환자들의 이야기에 집중합니다. 저도 마찬가지였습니다. 원래부터 사람에 대한 신뢰도가 높은 편인지라 환자에게도 그런 태도로 임했지만 웬걸, 교수님들에게 자주 혼이 나고는 했습니다.

"환자가 하는 말은 늘 의심해야 해. 자네처럼 환자들 말을 곧이곧대로 다 믿고 진료하는 건 환자에게 결코 도움이 안 돼. 명심하게나."

그때 저는 지도 교수님의 조언에 혼란스러웠지만 얼마 지나지 않아 교수님이 왜 그런 말씀을 하셨는지 깨닫게 되었습니다. 환자의 말을 지나치게 신뢰하고 긍정하면 객관적인 상태를 파악할 수 없고 정확한 진단이 안 되어 결국 치료가 힘들어진다는 것을 몸소 경험했기 때문입니다.

그래서 우리가 긍정적이라고 믿는 감정들을 제대로 만끽하면서도 그것의 부작용을 최소화하려면 균형 잡힌 감정 인식이 필요합니다. 제가 이 책에서 누차 강조하는 것이 '감정 인식'과 '자연스러움'이라는 것을 이제는 어느 정도 파악하셨으리라 생각합니다. 긍정적인 감정을 인식하거나 표출할 때 자연스럽고·편안한 느낌이 든다면 그 감정은 우리 삶에 좋은 영향을 미칠 수 있습니다. 반면에 무언가 부자연스럽고 긴장되어 몸과 마음에 힘이 들어간다면 그것은 긍정적 효과를 기대할 수 없습니다.

『죽음의 수용소에서』를 쓴 빅터 프랭클(Viktor Frankl)이 전하는 이야기에서도 긍정의 의미는 새롭게 다가옵니다. 그에 따르면 크리스마스부터 새해 첫날까지 일주일 동안 수용소의 사망률은 그 어느 때보다 증가했다고 합니다. 많은 죄수가 크리스마스는 집에서 맞이할 수 있으리라는 희망과 믿음 속에서 긴 시간을 버티지만, 크리스마스가 다가와도 기다리던 소식이 없으면 급격히 실의에 빠져 저항력을 잃고 말았던 것이죠.

긍정과 희망은 분명 우리 삶의 큰 원동력입니다. 다만 현실을 냉정하게 바라보지 못하고 자기 자신과 미래에 대해 지나치게 낙관하면 예기치 않은 상황과 어려움이 닥쳤을 때 더 큰 치명상을 입고 회복할 힘마저 잃어버리고 말 것입니다. 긍정에 걸려 비틀거리며 넘어지지 않기 위해서는 기본적으로 나를 지탱해 줄 내면의 힘이 필요합니다. 지금부터는 우리가 긍정적이라 믿어온 감정들의 실체를 살펴 그 내면의 힘을 키워볼 차례입니다.

# 즐거움보다는 기쁨을
# 추구해야 하는 이유

_ 기쁨과 즐거움

'살면서 가장 행복하다고 느낀 순간은 언제인가요?'

이 질문에 대한 답은 응답하는 사람의 수만큼이나 다양할 것입니다. 그렇다면 질문을 조금 바꿔 '가장 행복한 기분을 느끼게 해주는 감정은 무엇인가요?'라고 묻는다면 어떨까요? 대부분이 '기쁨'과 '즐거움'을 꼽을 것입니다. 기쁨과 즐거움은 우리가 긍정적이라고 생각하는 가장 대표적인 감정이죠. 그런데 비슷한 뉘앙스의 이 두 감정은 사실 서로 다른 상태의 행복감을 의미합니다.

기쁨은 행위의 결과로 인한 행복감, 즐거움은 행위 그 자체 또는 상태로 인한 행복감을 의미하기에 순서를 매기자면 가장 보편적인 행복에 가까운 감정은 기쁨이고, 그다음이 즐거움이죠. 기쁨은 즐거움에 비해 내적인 만족감에 가까워서 깊고 지속적인 감정이기에 외부 자극과는 큰 상관이 없습니다. 더 쉽게 설명하자면 '별거 없어도 괜찮은 마음의 상태'가 바로 기쁨입니다. 그래서 자신의 가치관 혹은 삶의 태도와 연관이 있으며 내면의 성장에도 영향을 미치죠. 의미 있는 존재로서의 '나'가 타인과 적절히 연결되어 있으면서 느끼는 주관적인 만족감이라고 할 수 있습니다. 이는 우울증 회복 과정에서 아주 중요한 감정입니다.

반면에 즐거움은 외부 자극에 의해 즉각적으로 촉발되는 감각적인 감정입니다. 예를 들면 맛있는 음식을 먹을 때, 친구와 수다를 떨 때, 재미있는 영화를 볼 때처럼 어떤 자극으로 순간적인 행복감이 찾아올 때 우리는 즐거움이라는 감정을 느낍니다. 일시적인 스트레스 해소나 긍정적인 감정 유발에 도움이 되고 비슷한 감정인 쾌락에 비해서는 긍정적인 측면이 강하죠. 그러나 즐거움도 지나치게 추구하다가는 결국 쾌락 쪽으로 기울 가능성이 커서 중독이

나 공허감으로 연결될 수 있으니 주의해야 합니다. 이 두 감정의 차이가 명확하게 느껴지지 않는다면 다음의 두 문장을 곱씹어 보세요.

'내 인생의 가장 큰 기쁨은 당신과 함께 늙어가는 것입니다.'

'그의 요리는 먹는 즐거움뿐 아니라 보는 즐거움까지 느끼게 한다.'

이 두 문장에서 '기쁨'과 '즐거움'을 서로 바꾸어 쓰면 어떨까요? 명확히 설명할 수는 없지만 어쩐지 어색해집니다. 즐거움보다는 기쁨이 좀 더 고차원적인 감정이라는 걸 직관적으로 느낄 수 있습니다. 그래서 이 두 감정 중에서는 기쁨을 추구하는 편이 삶의 만족감을 오랫동안 유지하는 방법입니다.

즐거움과 비슷한 감정으로는 아까 언급했듯이 '쾌락'이 있습니다. 그런데 쾌락은 즐거움에 비해 굉장히 강렬한 느낌을 주고 신체적인 반응과도 밀접하게 연관되어 있습니다. 특히 외부의 자극에 의한 도파민 분비를 유도해서 중독의 원인이 되기도 합니다.

최근 들어 사회 현상으로까지 설명되는 도파민은 본래 뇌신경 세포의 흥분 전달에 중요한 역할을 하는 신경전달 물질로, 기분을 좋게 하는 '행복 호르몬'으로도 불립니다. 뇌에서 도파민이 적게 분비되면 우울증이 생길 수 있고, 반대로 도파민이 많이 분비되면 조증이 생길 수 있습니다. 알코올 중독, 쇼핑 중독, 도박 중독 등의 증상이 바로 도파민의 과도한 분비와 관련되어 있습니다. 강박적으로 특정 행위에 집착하게 되고, 더 심해져서 금단과 내성이 생긴다면 중독에 해당합니다. 이런 경우에는 비슷한 강도의 쾌락으로는 도저히 만족할 수 없기 때문에 점점 더 대상에 집착하고 몰입의 강도를 높이게 됩니다.

최근 우리나라에서도 도박 중독이 사회 문제가 되고 있습니다. 건강보험심사평가원의 자료를 보면 지난해 도박 중독으로 진료받은 환자의 수가 5년 전인 2018년보다 두 배 이상 증가했음을 알 수 있습니다. 그중 30대의 중독이 가장 많았는데, 놀라운 점은 10대 도박 중독 환자의 증가세도 심상치 않다는 것입니다.

도박 등의 행위 중독이 특정 단계에 이르면 신체에도 변화가 찾아옵니다. 가슴이 두근거리고 몸이 떨리고 초조해지면서 부산하게 움직이는 행동 양상을 보이죠. 한 50대 중년 남성의 경우 도박에 중독된 후 평소보다 2시간이나 일찍 회사에 출근합니다. 누구보다 열심히 일해서 업무를 빨리 마치기 때문에 주변 사람들은 그가 도박에 중독된 사실을 전혀 모릅니다. 그러나 그가 일찍 출근하는 이유는 단 한 가지입니다. 일을 빨리 마무리하고 도박장에 일찍 가기 위함이죠. 퇴근이 조금이라도 늦어지는 상황이 생기면 심한 불안 증상을 보이면서 급기야 주변 사람들에게 화를 내기도 합니다.

이처럼 도파민과 같은 보상 시스템을 통해 추구하는 즐거움은 기쁨보다는 쾌락에 가깝습니다. 물론 그 보상 시스템이 적절히 작동한다면 동기부여가 되어 삶의 에너지로 쓰입니다만, 시스템에 과부하가 걸리면 민감성이 떨어져서 웬만한 쾌락에는 작동하지 않습니다. 그러니까 점점 더 강렬한 걸 추구하는 식의 내성이 생기게 되는 것입니다. 이러한 금단과 내성의 악순환에서 벗어나려면 어떻게 해야 할까요? 당연하겠지만 평소 늘 쾌락을 경계해야 합니다. 쾌락은 만족을 모르기 때문에 쉽게 중독에 빠지게 되고 그 증상이 심해지면 스스로 제어가 불가능합니다. 이때는

'격리'라는 극단적인 방법을 동원해야 할 수도 있습니다.

'들뜨는 즐거움을 행복으로 삼으면 가라앉은 괴로움이 뒤따를 수밖에 없다.'

법륜스님의 말씀입니다. 들뜨는 즐거움이란 쾌락에 가깝습니다. 중독성이 강한 즐거움은 외부의 자극에 의한 것이므로 그것이 더 이상 나를 흥분시키지 못하면 상실감에 괴로워하거나 급기야 비참함까지 느낍니다. 그래서 더더욱 우리는 쾌락보다는 즐거움을, 즐거움보다는 기쁨을 추구하는 삶의 태도를 지녀야 하는 것이고요.

제게는 여행이 그런 기쁨을 주곤 합니다. 지난가을에 가족과 함께 프랑스 동부와 남부 여행을 다녀왔습니다. 거창한 계획을 갖고 떠난 여행이 아니라 잠시 일을 잊고 오직 가족과 함께 자연을 즐기기 위한 여행이었습니다. 정신없는 일과에서 벗어나 본연의 나를 느끼면서 가족과 함께하는 시간은 제 일상에서 기쁨을 느낄 수 있는 아주 소중한 이벤트입니다.

저희 가족은 도시보다는 자연을 좋아해서 산이 있는 여행지를 선택했습니다. 프랑스 남동부 지역의 아름다운

소도시를 여행했는데, 그중 안시와 샤모니가 가장 인상적이었습니다. 알프스산맥의 몽블랑 기슭에 자리 잡은 샤모니는 몽블랑을 가까이서 볼 수 있는 도시라서 케이블카를 타고 몽블랑이 코앞에 보이는 곳까지 올라갈 수도 있습니다. 그런데 저는 산에 올라가는 것보다 산으로 둘러싸인 마을에서 보내는 한가로운 시간이 더 좋더군요. 작은 카페에 앉아 커피를 마시며 창밖으로 보이는 산 풍경과 그곳 사람들의 일상적인 모습을 눈에 담으며 오랜만에 평온함을 느꼈습니다.

여행객인 제 눈에 프랑스 사람들은 즐거움보다는 기쁨을 추구하는 사람들처럼 보였습니다. 200년은 훌쩍 넘은 듯한 아주 오래된 카페에 삼삼오오 모여 서로의 안부를 묻고, 자신의 철학과 생각을 공유하거나 예술을 주제로 몇 시간씩 수다를 떨면서 환하게 웃는 그들의 모습을 보는 것만으로도 제게 기쁨의 감정이 차올랐습니다.

그중에서도 유난히 저의 눈길을 끈 노인이 있었습니다. 혼자 앉아 있던 그 노인은 자신을 알아보며 친근하게 인사하는 웨이터에게 고개를 끄덕이며 늘 먹던 메뉴를 달라는 눈짓을 했습니다. 그러고는 창밖 풍경을 바라보며 잔

잔한 미소를 짓더군요. 잠시 후 웨이터가 가져다준 커피를 한 모금을 마시며 바게트 샌드위치를 천천히 베어 무는 그 모습이 더없이 행복해 보였습니다. 책을 읽다가 창밖을 멍하니 바라보기도 했고, 수첩을 꺼내 무언가를 잔뜩 메모하면서 자신만의 시간을 온전히 누리고 돌아가는 그의 뒷모습이 무척이나 인상 깊었는지 여전히 잊히지 않습니다.

그에게는 단골 카페에서 보내는 그 시간이 그를 가장 그답게 만드는 순간일지도 모릅니다. 그 미소에 담긴 안온하고 따뜻한 기쁨은 이방인인 저에게도 오롯이 느껴졌습니다. 제가 여행을 좋아하는 이유 중 하나는 여행지에서 느끼는 이런 기쁨의 감정이 특히나 선명하기 때문입니다. 멋진 자연을 보고 맛있는 음식을 먹는 즐거움도 좋지만, 그 도시만의 문화를 느끼고 현지인들의 일상 속에 잠시나마 녹아드는 기쁨만큼 행복한 경험도 없겠죠.

꼭 여행이 아니더라도 누구나 일상의 소소한 기쁨을 조금 더 선명하게 만들어주는 자신만의 무언가가 있을 것입니다. 이는 삶의 아주 중요한 구심점이 되기도 하죠. 좋아하는 가수의 음악, 일요일 낮의 짧은 낮잠, 친구들과의 수다…. 그러니 여러분도 여러분의 기쁨을 북돋는 시간이나 장소, 사람을 알아두고 때때로 기쁨의 감정을 선명하게 만드는 연습을 해보면 좋겠습니다. 알고 나면 계획하고 기다리는 시간부터 행복감을 느낄 수 있을 테니까요.

더불어 그 무언가가 '일상으로부터의 탈출' 혹은 '현실로부터의 도피' 같은 느낌이어서는 안 됩니다. 저의 여행이 그런 의미였다면 아마 저는 틈만 나면 새로운 곳으로 떠나고 싶다는 갈망 혹은 떠나야 한다는 강박을 짙게 느꼈을 겁니다.

제게 여행은 잠시간의 '환기'였기 때문에 다시 일상으로 돌아왔을 때 우울감이나 허탈감을 느끼지 않습니다. 여행의 마지막 날에는 아쉬움보다는 다시 일상으로 돌아가서 좀 더 새로운 기분으로 일에 집중해야겠다는 에너지를 얻곤 합니다.

어쩌면 우리는 일상 혹은 현실로부터 영원히 탈출하거나 도피할 수 없기 때문에 더더욱 쾌락이나 즐거움보다는 기쁨을 추구해야 합니다. 그것이 제가 여행 후유증을 줄이는 방법이기도 하죠. 여행하는 내내 즐거움과 쾌락만을 좇았다면 도파민의 늪에서 빠져나오기까지 또 많은 에너지를 써야만 하니까요.

그렇다면 인간을 가장 행복하게 해주는 고차원적인 감정인 기쁨을 조금 더 오래 누릴 수 있는 방법은 무엇일까요? 방법론을 이야기하기 전에 각자가 느끼는 기쁨의 원천에 대해 살펴볼 필요가 있습니다. 자신의 삶에 대한 만족감, 자기 가치관에 따른 선택, 내면적인 성찰, 자신만의 성장 스토리, 관계의 회복···. 사람마다 기쁨의 원천은 아주 다양합니다. 그런데 이런 가치를 추구하려면 먼저 자기 감정에 대한 인식이 우선되어야 합니다. 제가 이 책에서 가장 강조하는 바죠. 행복을 외부의 자극이나 타인의 관점에서 찾지 않고 내 안에서 찾기 위한 첫걸음과도 같습니다. 자기 삶에 만족하고 그 안에서 의미를 찾으면서 내면적 성찰을 하면 삶 속에 은은한 기쁨과 행복이 차오르는 것을 느낄 수 있습니다.

반면에 화려하고 자극적인 쾌감이 주는 충동적 즐거움은 이렇듯 안정되고 지속적인 만족감을 주지 못합니다. 순식간에 사라지는 행복감은 도파민 공급과 같아서 중단되면 허탈해지고 심지어 불쾌감이 들어 반동적인 고통이 찾아옵니다. 즐거움의 강도만큼 부작용이 크다는 의미입니다. 오히려 행복과는 상충되는 감정이라 할 수 있겠네요.

기쁨이 외부의 자극이 아닌 내면의 만족감에서 비롯된다고 하면 너무 이상적이고 고차원적인 이야기처럼 느껴질 수도 있지만 우리는 누구나 일상 속에서 나만의 기쁨을 길어 올릴 수 있습니다. 도쿄의과대학병원 노년내과 의사인 가마타 미노루(鎌田實)는 자신의 저서 『적당히 잊어버려도 좋은 나이입니다』에서 소소한 일상의 루틴이 만들어내는 삶의 기쁨에 대해 조언하고 있습니다. 그는 '나를 나답게 만드는 것'에 집중하라고 말합니다. 가령 내가 나로 돌아갈 수 있는 공간에서 일정 시간을 보내는 것이 방법일 수 있습니다.

주말 아침 일찍 일어나 운동을 하고 집 근처 카페에서 커피와 샌드위치를 먹으면서 나만의 시간을 보내는 루틴은 누구에게나 허락되어 있죠. 한 주부는 토요일 아침, 가족들의 식사를 준비해 놓고 홀로 카페에 가서 일주일 치 신문을 보는 시간이 참 행복하다고 하더군요. 바쁜 일상을 보내면서 잠시 잊고 있던 나를 온전히 만나는 시간 말입니다.

제게 '나로 돌아가 나만의 기쁨을 느끼는' 공간은 방

한쪽 구석의 작은 방음 부스입니다. 그 안에 들어가면 마냥 좋습니다. 주로 클라리넷 연습을 하거나 작곡이나 편곡을 하고, 좋아하는 음악을 듣기도 합니다. 바쁠 때는 10여 분 남짓 머물 때도 있지만 나만의 기쁨을 온전히 누리기에는 충분한 시간입니다.

'나는 무엇을 통해 기쁨을 얻고 행복감을 느끼는가?'

이 답을 찾아가는 과정에서 우리는 나의 진짜 감정을 인식하고 진솔한 나와 대면하게 됩니다. 그 과정에서 쾌락보다는 즐거움을, 즐거움보다는 기쁨을 누리는 법도 자연스럽게 찾게 되겠죠.

# 나를 속이는 가짜 친밀감에 관하여

_ 친밀감

사랑의 유형을 이야기할 때 빠지지 않는 이론이 있죠. 바로 심리학자 로버트 스턴버그(Robert J. Sternberg)의 '삼각형 이론'입니다. 그에 따르면 사랑은 열정, 친밀감, 헌신이라는 세 요소를 바탕으로 형성됩니다. 그중에서도 우리가 가장 중요하게 생각하는 열정은 안타깝게도 3년 정도만 지속되기 때문에 사랑을 유지하는 역할을 한다고는 볼 수 없습니다. 물론 열정은 생리적으로 사람을 흥분하고 들뜨게 만드는 요인이라 사랑을 시작하게 만드는 원동력입니다. 열정이 있어야 특정 대상에 대해 열렬한 마음이 생기니까요. 그러나 열정은 이성을 무기력하게 만들어서 충동적인 행동을 유도하기도 하고 쉽게 식을 수 있다는 단점이 있습니다.

열정 대신 사랑을 오래 유지하도록 돕는 역할을 하는 건 친밀감과 헌신입니다. 이때의 친밀감이란 정서적 교류를 통해 서로 연결되어 있다고 느끼는 감정입니다. 친밀감을 느끼는 대상과 함께 있으면 편안함을 느끼고, 상대의 태도나 의견에 긍정적인 지지를 보내고, 그에게 의지하기도 합니다. 친밀감은 인간의 삶에 만족감을 주는 아주 특별한 감정입니다. 앞서 언급했듯이 인간은 독립하고픈 욕구와 더불어 의존하고픈 욕구도 추구하기 때문에 성격, 나이, 성별과 무관하게 특정 대상과 관계 맺기를 갈망합니다. 말을 할 줄 모르는 어린아이부터 무뚝뚝한 중년의 아저씨까지 누구나 정서적인 교류가 주는 친밀감을 느끼고 싶어 하죠.

친밀감이 우리 삶에 긍정적인 영향을 미치는 것도 바로 이러한 본능이 충족되기 때문입니다. 만족감을 주고 안정된 편안함을 느끼게 해주는 감정인 친밀감은 경우에 따라서는 사랑보다 더 큰 행복감을 인간에게 선사하기도 합니다. 그래서 친밀감은 기쁨만큼이나 주요한 감정이죠.

건강한 관계일수록 친밀감은 전제되어 있습니다. 이런 관계는 서로를 천천히 알아가면서 충분히 공감해 주고 있는 그대로 인정해 줍니다. 그래서 늘 편안하고 함께 있으면 행복한 감정을 느낄 수 있으며 나를 성장하게 만드는 원동력이 됩니다.

그런데 친밀감을 추구하는 욕구가 강할수록 가짜 친밀감에도 쉽게 빠질 수 있습니다. 특히 젊은 층이 가짜 친밀감에 아주 쉽게 몰입하는데 그 창구는 SNS입니다. 온라인 세상에서는 서로 모든 것을 드러낼 필요가 없기 때문에 '보여주고 싶은 나'를 만들어서 소통하는 것이 가능합니다. 그러나 이런 관계는 시간이 지날수록 외로움과 갈망을 키워서 우리가 온라인 세상에 더 깊이 의존하게 만듭니다. 이러한 가짜 친밀감에 집착할수록 우리는 공허해지고 불안해지죠.

그렇다면 진짜 친밀감과 가짜 친밀감은 어떻게 구분할 수 있을까요? 친밀감이란 다른 사람과 연결된 느낌이기 때문에 서로의 영역 안에 들어가야 합니다. 그러기 위해서는 자신의 마음을 열어두어야 하죠. 그런데 가짜 친밀감은 자신을 열어두지 않으려 한다는 것이 특징입니다. 그래서 말 그대로 '속 깊은' 대화를 나눌 수 없으며 형식적인 대화만 반복할 뿐입니다. 이런 관계에서는 당연히 진정한 친밀감을 느낄 수 없습니다.

두 번째로 진짜 친밀감을 느끼는 관계는 독립 욕구와 의존 욕구의 균형 맞추기가 가능하고 상호 존중이 가능합니다. 즉 각자의 독립성과 개성을 존중하고 상대방의 생각과 감정을 인식하는 상태죠. 반면에 가짜 친밀감을 나눈 이들 중에서는 독립하려는 상대의 욕구를 인정하지 않는 경우가 있습니다. 상대를 끊임없이 통제하고 자기 뜻대로 움직이려 하면서 자기중심적인 사고를 놓지 못합니다.

마지막으로 중요한 것은 갈등의 여부입니다. 진짜 친밀감을 나눈 사람들은 서로의 영역으로 들어가는 과정에서 순간순간 갈등을 겪을 수밖에 없습니다. 그렇지만 여전히 상호 존중하는 가운데 소통이 가능한 상태입니다. 반면에 가짜 친밀감은 갈등 자체를 용납하지 못하기 때문에 갈등이 생기지 않도록 미리 차단합니다. 갈등이 두려워서 더 다가가지 않거나 깊은 대화를 회피하기도 합니다. 이러한 관계는 서로 날이 서 있는 상태에서 유지되기 때문에 불안이나 의심 같은 감정을 계속해서 불러일으키고, 때로는 서로를 시기하거나 질투할 가능성이 큽니다. 회피하고 억압하고 괜찮은 척하면서도 이어가는 관계이기 때문에 오래 이어지지 못하고 만족감도 떨어질 수밖에 없죠. 그러니 쉽게 허무감에 빠지고요.

참 아이러니하지만 누구보다 가까워야 할 가족들 간에도 내적 친밀감이 떨어지는 경우가 많습니다. 너무 가까운 관계라서 더 크게 상처받을 수 있다는 치명적인 위험성을 안고 있기 때문에 그렇습니다. 남이라면 경우에 따라 거리를 두고 점차 멀어질 수 있지만 가족끼리는 자연스럽게 멀어지기가 쉽지 않죠. 내면에 죄책감이 들 수밖에 없고요. 그렇기에 가족 간의 친밀감이 반드시 타인과의 친밀감보다 더 건강하다는 것은 일종의 선입견입니다.

태어나서 가장 먼저 마주하는 사람이 가족이기에 기본적인 의존 욕구를 충족시키기 위한 친밀감의 대상으로 우리는 대체로 가족을 소망합니다. 그러나 그 관계 속에서 나의 기대가 크면 클수록 상처를 주고받을 가능성도 커지죠. 가족 사이에서는 서로 멀어지고 싶어지다가도 무의식적으로는 가까워지고 싶고, 또 소외당할수록 더욱 사랑받고 싶다는 마음이 생겨나기에 갈등이 증폭됩니다.

그래서 가족과의 관계에서 건강한 친밀감을 유지하고 싶다면 가족끼리도 멀어지고 싶은 마음과 가까워지고 싶은 마음, 즉 양가감정이 존재할 수 있다는 사실을 인정하는 것이 무엇보다 중요합니다. 물론 대부분이 이 사실을 인정하지 못합니다. 가족이라고 해도 사정에 따라서는 조금 멀어져도 된다는 조언에 수긍하면서도 친밀감에 대한 소망과 결핍감 때문에 선뜻 거리 두기를 하지 못하죠. '그래도 가족인데 그럴 수는 없지'라는 강박을 스스로에게 강요하며 죄책감을 느끼는 사람이 대부분입니다.

제가 내담자들과 친밀감에 관한 상담을 할 때도 그 시작점은 가족입니다. 대개 친밀감에 대한 경험치는 가족으로부터 생기기 때문입니다. 가족 간의 관계에서 상처를 받았거나 심한 갈등을 겪은 사람은 당연히 사회생활을 할 때도 타인에 대한 경계심이 강하거나 관계에서 문제가 생길 확률이 높습니다. 그런 상처가 또 반복될까 봐 가까이 다가가지 않거나 아예 회피하는 경우도 있고, 지나치게 경계하면서 자신을 드러내지 않는 가짜 친밀감에 빠지기도 합니다.

나를 드러내지 않는 이유는 자존감이 떨어져서이기도 하고, 있는 그대로의 생각과 감정을 표현해 본 적이 없어서 이기도 합니다. 가장 친밀한 관계인 가족들 사이에서도 그런 경험치를 쌓지 못했기 때문에 자기표현을 망설이는 것이죠. 이런 상황이 반복되면 절대 자존감이 높아질 수 없습니다. 사람은 누구나 타인과의 관계에서 자연스러운 만족감을 느끼고 스스로를 솔직하게 드러낼 수 있어야 합니다. 그래야 자아가 안정감을 찾고 자기 가치감도 높아지는데, 가짜 친밀감에 둘러싸인 상태에서는 절대 불가능합니다.

그러므로 가족끼리 쌓는 관계의 경험치 속에서 느끼는 감정도 예민하게 살필 줄 알아야 합니다. 밀접한 관계라는 이유로 나를 너무 속박하고 감정을 억누르는 것을 당연시하지는 말자는 의미입니다. 가족 간의 친밀감에서 발생한 문제가 나의 성장을 제한하거나 다른 사람을 향한 관심을 허용하지 않는 수준이라면 오히려 조금은 느슨해질 필요가 있습니다. 이런 판단 역시 평소에 자신의 감정을 예민하게 인식하면서 균형을 맞추려고 노력해야만 가능한 것입니다.

"연애는 하고 싶은데 진짜 사귀게 될까 봐 겁나요."

방송에서 어떤 남자 배우가 한 말입니다. 왜 연애는 하고 싶은데 사귀는 것은 두려울까요? 관계가 깊어지면 내적 친밀감을 유지하기 위해 노력해야 하고, 서로에게 헌신해야 한다는 책임감이 생기기 때문일 것입니다. 누군가에게 의존하고 싶고 친밀감을 느끼고는 싶지만, 자신의 독립된 삶은 포기할 수 없는 게 인간의 본성이니까요. 이는 '통제 상실에 대한 공포'와도 연결 지을 수 있습니다. 자신의 일상이 누군가로 인해 변화되는 것 자체에 대한 두려움입니다. 누군가와 가까워지면 자연스럽게 그에게 의존하게 되면서 상대적으로 나의 독립적인 부분이 훼손되죠. 그에 대한 공포는 생각보다 큽니다. 서로 의존하고 감정을 나누다 보면 그 사람한테 휘둘리거나, 나 스스로 지나치게 상대방에게 의존하면서 자기 통제감이 상실될 수 있다는 두려움이 엄습하는 것입니다. 특히 독립성을 중시하는 젊은 층에서 만연한 감정입니다.

통제 상실에 대한 공포와 비슷한 공포 중 하나로 '집착'도 있습니다. 서로의 독립적인 부분을 존중하지 않고 연결만을 강조하는 집착이 강화되면 그 관계는 의심과 불안이 가중되면서 파국으로 치달을 수밖에 없습니다. 특히 서로에 대한 예의나 배려가 무뎌진다는 문제점이 있습니다. '친숙함은 멸시를 낳는다'라는 서양 속담처럼 말입니다.

이 외에도 친밀감에 대한 다양한 공포는 여러 가지 내적 원인에 기인합니다. 가령 영문도 모른 채 버림받았던 상처가 재현될까 봐, 내 감정을 솔직하게 드러내고 소통하면 상대가 부담스러워할까 봐, 나의 진짜 모습을 보여주면 실망할까 봐….

그러니까 우리는 이제 친밀감도 제대로 누리는 법을 알아야 합니다. 존중과 개방 그리고 거리 두기라는 모든 기술을 총동원해서 말입니다. 그중에서도 여러 번 강조하고 싶은 것이 바로 자신을 개방하는 일입니다. 나를 솔직하게 드러내지 않으면 가족처럼 가까운 사이라고 해도 진짜 친밀감을 느낄 수 없습니다. 사랑하는 연인 사이에서도 마찬가지고요. 나를 드러내기 위해서라도 먼저 이루어져야 하는 것이 바로 나의 감정을 제대로 인식하고 표현하는 것입니다. 감정을 억압하고 있는 상태에서는 절대로 나를 내보일 수 없습니다. 진짜 친밀감은 솔직한 내 생각과 감정을 공유할 준비가 되어 있어야 비로소 얻을 수 있습니다.

　인간의 삶이 다양한 만큼 친밀감을 느끼는 방식과 유지하는 방법도 무척이나 다양하겠지만, 제가 생각하는 가장 보편적인 방법은 '거리 두기와 개방의 조화'입니다. 이 두 가지는 상충하는 개념처럼 보이지만 행복한 관계를 맺기 위해 반드시 함께 가야만 합니다. 상황에 따라 거리 두기가 필요할 때가 있고, 나를 온전히 드러내고 소통해야 할 때가 있습니다. 관계에서 '무조건'이라는 단서는 없으니까요.

# 열정의 함정, 노력의 배신

_ 열정과 흥분

"이번 마케팅팀 신규 프로젝트에서 김 대리는 왜 빠진 거야?"

"팀원들의 반대가 심했대. 똑똑하면 뭐 해. 걸핏하면 흥분해서 같이 일하는 사람들을 얼마나 힘들게 하는지 몰라. 팀워크가 필요한 일에서는 그야말로 빌런이지."

명문 대학을 졸업하고 저돌적인 업무 태도로 주목받던 김 대리. 그러나 회사 내에서 그의 전성기는 아주 짧았습니다. 자신의 의견이 받아들여지지 않으면 별거 아닌 일에도 쉽게 흥분하는 통에 주변 사람을 불편하게 만들어 동료들

사이에서 기피 인물 1순위가 되었던 것입니다.

그런데 정작 본인은 주변의 이 같은 평가를 받아들이지 않았습니다. 자신의 열정이 제대로 인정받지 못한다며 늘 불만을 토로했죠. 일과 성과에 대한 열정의 온도가 다른 직원에 비해 높아서 그런 것일 뿐, 오히려 동료들이 자기처럼 열정의 온도를 끌어올려야 한다고 언성을 높였습니다. 그러나 김 대리가 '열정'이라고 주장한 뜨거운 무언가는 주변 사람에게 지나친 '흥분'으로 느껴졌을 뿐입니다.

그렇다면 열정과 흥분은 어떻게 다를까요? 이 두 감정은 언뜻 생각하면 비슷한 감정 같지만 엄연히 다릅니다. 열정은 흥분에 비해 긍정적 뉘앙스를 지니고 있으며 지속될수록 좋지만, 흥분은 일시적이며 부정적 뉘앙스를 지니고 있습니다. 쾌락과 마찬가지로 흥분도 외부 자극에 의해서 일어납니다. 강렬하고 순간적인 감정으로 심박수와 에너지가 올라가는 느낌이 듭니다. 롤러코스터를 탔거나 로또에 당첨됐다고 생각해 보세요. 얼마나 흥분될까요. 이 감정은 마치 쾌락의 강렬함을 닮았습니다. 반면에 열정은 흥분에 비해 차분한 정서입니다. 기쁨과 마찬가지로 외부 자극이 아닌 내적 동기의 충족에서 발현되기 때문에 개인의 가치를 반영하고 있습니다.

그래서 육체적·정신적 건강을 위해서는 열정을 쏟아내면서도 흥분은 억제해야 합니다. 이는 일을 하거나 대인관계를 꾸려나갈 때도 마찬가지입니다. 열정은 뜨거운 감정이지만 흥분에 비해서는 안정적이고 균형감을 지닌 감정입니다. 그래서 자신뿐 아니라 주변 사람을 위협하지 않죠. 열정의 온도는 사람에 따라서 높을 수 있지만, 흥분의 온도처럼 손에 대지 못할 정도로 뜨겁지는 않습니다. 그에 비해흥분은 일탈적 행위, 균형감을 상실한 상태에 가깝다고 할수 있습니다. 열정과 흥분은 이렇게나 다른 감정입니다.

무엇보다 열정을 유지하기 위해서는 자제력이 필요한데, 이는 자기 인식에서 출발합니다. 이 책에서 여러 번 강조하는 말이죠. 나를 제대로 이해하시 못하면 충동을 조절할 수가 없습니다. 그리고 자제력이 없으면 자극에 쉽게 반응하고, 내면에 몰입하는 대신 여기저기 기웃거리고 충동에 휩쓸리곤 합니다.

물론 열정에도 함정은 있습니다. 열정이 아무리 긍정적인 감정이라 해도 정도가 지나치거나 외부에 의해 강요당하면 부정적인 영향을 미치기 마련입니다. 이른바 '강박적 열정'이라고 합니다. 건강한 열정은 자기 주도적인 행위 속에서 피어오르기 때문에 자아감이 더 강화되고, 열정을 불러일으키는 행위를 하면 할수록 힘이 나고 에너지가 생겨서 스트레스도 줄어듭니다. 반면 외부에 의해 열정을 강요당하면 스트레스와 불안감이 높아지고 실패에 대한 두려움이 커집니다. 당연히 번아웃 상태에 이를 가능성도 크겠죠.

특히 우리 사회는 강박적 열정을 부추기는 경향이 강합니다. 열정이 모든 문제의 해결책이 될 수 있다고 믿는 사람들이 많죠. 열정에 흥분한 상태라 할 만합니다. 이런 강요가 지나치다 보니 열정이 오히려 도외시되고 '열정페이'라는 부정적인 표현까지 생겨나며 혐오의 대상이 되기도 합니다.

강박적 열정에서 '강박'이라는 행위 자체가 불안을 조장하기 때문입니다. 강박의 몰입 강도는 점점 더 강해지기 때문에 불안감도 높아지는 악순환에 빠지게 됩니다. 무슨 일을 하든 열정의 힘이 조금이라도 떨어지면 불안해져서 열정 자체에 더 집착하게 되는 것이죠. 열정의 본질은 외면한 채 그저 매사 열정적이어야 한다는 강박에 사로잡히면 열정이 조금만 줄어드는 것 같아도 불안해집니다. 그러나 그럴 때마다 열정은 내적 동기에서 출발해야 건강한 감정이 될 수 있다는 걸 잊지 말아야 합니다.

'재능이 없는 사람도 열정이 강하면 성공할 수 있다'라고 주장하는 사람들이 있습니다. 그러나 열정만 있다고 해서 원하는 것을 모두 이룰 수는 없습니다. 열정이 자기계발의 진정한 동력이 되려면 어떤 조건이 더 갖춰져야 할까요? 세계적인 베스트셀러 『그릿』의 저자인 앤절라 더크워스(Angela Duckworth)는 '열정에 끈기와 투지를 더하라'라고 합니다. 지속 가능한 사랑을 위해 열정에 친밀감과 헌신을 더해야 하듯, 진정한 동력을 만들기 위해서는 열정에 끈기와 투지를 더해야 합니다.

저는 이 말에 덧붙여 '열정에 자기 주도를 더하라'라고 말하고 싶습니다. '자기'가 없는 자기계발이 무의미하듯, 건강한 열정과 강박적 열정의 차이도 자기 주도냐 아니냐에 달려 있다고 생각합니다. 나의 가치관과 원하는 바가 무엇인지 구체적으로 깨닫고, 그 방향으로 나아가고 있다는 만족감에서 비롯된 열정이야말로 건강한 열정입니다. 자기

회복 없이 열정 자체에만 집중한다면 그것은 가짜 열정에 불과합니다. 그렇게 강박적 열정이 되기 쉽고 번아웃을 자초하게 됩니다.

대개 열정의 불길이 사그라들어 무기력해지면 '번아웃이 왔다'라고들 말합니다. 그런데 정말 열정이 사라져서 번아웃이 온 걸까요? 저는 이 말의 순서를 짚어보고 싶습니다. 반대로 강박적 열정만을 추구하다 보니 번아웃이 온 것이죠. 열정적이어야 한다는 강박 때문에 성과에만 몰입하고, 그러다가 기대에 못 미치는 결과를 받아 들면 지나치게 좌절하게 되는 것입니다.

반면 내적으로 발현된 열정으로 일하는 사람들은 남들이 보기에 초인적인 힘을 가졌다고 느낄 정도로 쉽게 지치지 않습니다. 실패에도 굴하지 않고 세간의 평가에도 위축되지 않으며 묵묵히 앞으로 나아갑니다. 세계적인 기업을 만들어낸 창업가들이 숱한 실패와 좌절, 냉혹한 비난과 예측 불가한 상황 속에서도 주저앉지 않고 다시 일어나기를 반복하는 원동력도 여기에 있지 않을까요? 내가 간절히 원하는 일을 하면서 사명감까지 지니게 되었으니 날마다 새로운 에너지를 만들어내면서 앞으로 나아갈 수 있는 것입니다.

무엇보다 그들은 지금 하고 있는 일이 재미있을 것입니다. 이 재미는 건강한 열정과 아주 밀접한 연관이 있습니다. 재미는 내적 동기에서 비롯된 감정이기 때문에 열정을 불러오기 쉽습니다. 외부의 보상이나 자극이 없이도 하게 되고, 몰입의 기쁨까지 느낄 수 있게 합니다. 선순환이 시작되는 것이죠.

"재미있어서 일하는 사람이 얼마나 되나요. 마지못해 그냥 하는 게 일이죠."

평소에 이런 말을 자주 한다면 당신은 오랫동안 자신을 외면한 채 살아왔을 가능성이 큽니다. 열정과 재미는 나에 대한 관심과 비례하기 때문입니다. 내가 무엇에 기쁨을 느끼고, 나의 감정 실타래는 어떤 상태인지 파악하지 않은 채 그저 열정을 끌어올리려는 시도는 모래 위에 집을 짓는 것과 같습니다.


물론 자기 안에서 발현되는 열정이라고 해도 그 온도를 적절히 유지하는 법은 알아야 합니다. 역시 자연스럽지 않은 감정은 이어지기 어려우니까요. 그런데 열정의 온도를 적절히 유지하는 방법을 이야기하기 전에 먼저 알아봐야 할 것이 있습니다. 사람마다 제각각인 열정의 온도입니다. 열정의 온도가 어떤 사람은 굉장히 뜨겁고, 어떤 사람은 조금 미지근할 수도 있거든요. 그런데 뜨겁고 미지근한 온도의 정도를 두고 건강한 열정이냐 아니냐를 판단할 수는 없습니다. 그래서 자신의 정상 온도가 몇 도쯤인지 아는 것이 중요합니다. 자신의 적정 온도를 모른 채 남의 온도에 맞추려고 들면 결국 무리하게 됩니다. 그에게는 지극히 정상적인 열정의 온도가 나의 몸과 마음에는 고열처럼 뜨거울 수 있으니까요.

그런 의미에서 저도 그다지 뜨거운 사람은 아니라는 것을 고백합니다. 약간 미지근한 정도의 열정 온도를 유지하면서 무슨 행위든 그 온도에 맞춰가려고 노력하고 있습니다. 그래서 열정의 온도가 확 올라가서 뜨거워지면 오히려 조금 조심하는 편입니다. 뜨거워지다 못해 활활 불타 없어져 버릴 수도 있으니까요.

굳이 비유하자면 반려동물과 나의 체온 정도로 이야기해 볼 수 있겠습니다. 사람의 정상 체온과 반려동물의 정상 체온은 다를 수밖에 없습니다. 고양이의 체온이 사람의 체온보다 높다고 해서 아픈 것이 아닌 것처럼요.

회사에서 프로젝트를 진행할 때도 유난히 열정의 온도가 높아서 뜨겁게 일하는 사람이 있고, 조용히 제 몫의 일을 해나가는 사람이 있습니다. 이때 후자에 해당하는 직원에게 상사가 "자네는 왜 그렇게 열정적이지 않나?"라고 다그친다면 그건 직원의 존재감을 무시하고 사기를 꺾는 행위입니다. 열정을 과시하면서 일하지 않아도 책임감이 강하고, 동료를 배려하면서 꾸준히 성과를 내는 사람은 많으니까요.

그러니 나의 열정과 뜨거움이 남보다 못하다고 해서 위축되거나 두려워할 필요 없습니다. 사람마다 정상 체온이 다르듯이 열정의 온도 또한 다를 수 있음을 늘 기억해야 합니다.

# 사실 나는 내가 자신 없어

_ 자부심

 

매해 연말이 되면 한 해의 트렌드를 분석하는 책들이 출간됩니다. 작년 연말에도 여러 권이 나왔고, 한 경제 전문지에서는 그 책들에서 뽑은 트렌드를 분석한 기사까지 냈더군요. 그 내용 가운데 저의 관심을 끄는 키워드가 몇 가지 있었는데, 그중 하나가 바로 '나의 발견'이었습니다. 2030 세대뿐만 아니라 진짜 나를 찾기 위해 두 팔 걷어붙인 중장년까지 타인의 시선에 갇힌 내가 아닌 '진정한 나'에 더 깊은 관심을 가지게 되었다고 합니다.

1998년 출간된 양귀자의 소설 『모순』이 인기를 끌면서 역주행 베스트셀러가 된 것도 같은 이유에서입니다. 소설 속 주인공이 '인생은 그냥 받아들이는 것이 아니라, 전 생애를 걸고라도 탐구하면서 살아야 하는 무엇'임을 깨닫는 과정이 큰 공감을 불러일으켰다고 합니다. 나다움을 찾기 위해서는 관심의 방향을 타인이 아닌 '나'에게 돌려야 하고, 그 과정에서 나의 감정도 제대로 인식할 수 있을 테니 감정을 다루는 저로서는 무척 반가운 변화입니다.

이렇게 나에게 관심을 기울이다 보면 자연스럽게 자아 성찰이 이루어져 주요한 세 가지 감정에 관해 고민해 볼 수 있습니다. 바로 자존감, 자존심, 자부심입니다. 이 세 가지 감정은 대체로 긍정적인 뉘앙스를 지니고 있을 뿐 아니라 삶을 살아가는 데 없어서는 안 될 중요한 덕목으로 꼽힙니다.

그중 자존감은 자신을 존재 자체로 존중하고 아끼려는 마음가짐입니다. 자존감이 강한 사람은 타인의 시선이나 외부 환경에 쉽게 흔들리지 않는 자기 정체성을 확립한 사람이기에 좌절이나 상처에도 의연하게 대처할 수 있습니다.

다음으로 등장하는 자존심은 자존감과는 조금 다른 감

정입니다. 이 두 가지 감정 모두 자기 긍정에 기반하고 있다는 공통점이 있지만, 자존감이 있는 그대로의 내 모습을 긍정하는 데 반해 자존심은 타인이 나를 존중해 주길 바라는 마음입니다. 대인관계에서 다른 사람이 나를 어떻게 생각하느냐에 몰두하고, 관계 측면에서 자기 체면을 지나치게 신경 쓰는 것도 자존심과 관련이 있습니다. 그래서 우리는 자존심을 지키기 위해 때로는 방어적이며 독선적인 성향을 드러내기도 합니다.

그렇다면 마지막으로 자부심은 어떤 감정일까요? 자신의 능력이나 노력을 통해 성취한 성과 또는 자신과 관련된 무언가(소속된 집단이나 소유물)에 대하여 스스로 그 가치를 당당히 여기는 마음가짐이 자부심입니다. 혹은 자신과 연관된 무언가의 가치나 능력을 믿는 마음을 의미하기도 합니다. 그런데 좋게만 보이는 자부심도 우리 삶에 마냥 긍정적인 영향만 미치는 것은 아닙니다. 특정 집단의 소속감과 결속력을 다지는 데 강요되는 자부심은 부정적 영향을 초래합니다.

특히 우리 사회에서 자부심은 외부 성과에 집중하는 경향이 강합니다. 또한 우리는 자존감이 낮을 때 지나치게 자부심에 집중하는 경향이 있습니다. 나의 역할에 따른 성취에 스스로 만족감을 느껴야 하는데 타인의 인정을 받을 때만 자부심을 느끼는 것입니다. 이런 식의 자부심에 집착하면 아이러니하게도 자존감은 점점 더 떨어질 수밖에 없습니다. 외부 요인에 지나치게 집중하면 자신의 가치를 판단하는 기준도 외부 평가에 전적으로 의존하기 때문입니다. 그 관점에서 성취나 성과가 높지 않으면 스스로를 무가치하다고 여기게 됩니다.

이런 분위기가 만연하면 경쟁이 심해지고 그 가운데 살아남기 위해 남을 무시하거나 짓밟아야 한다는 논리가 자연스럽게 받아들여지면서 교만한 사람이 거듭 승자가 됩니다. 그 틈에서 사회적 성취를 이루지 못한 사람은 패배자의 열등감에 사로잡히게 되죠. 문제는 이 감정이 시기와 질투로 이어진다는 데 있습니다. 개개인의 가치관, 문화적 배경, 집단의 특징 등을 고려하지 않은 채 획일적인 성취와 목표만을 강요하면 다양성은 줄어들고 성공과 행복의 조건도 절대적 가치로 규정됩니다. 이런 분위기에서는 시기와 질투가 강화돼서 결국 혐오가 팽배해질 수밖에 없습니다.

퇴직이 얼마 남지 않은 직장인들이 가장 우려하는 건 아무래도 노후 자금일 테지만, 제가 우려하는 더 큰 문제는 그들이 퇴직과 동시에 자부심을 가질 만한 대상이나 계기를 잃어버린다는 점입니다. 30여 년 가까이 조직 생활을 하면서 온갖 풍파를 겪었지만, 무던히 버틸 수 있었던 데는 자부심도 큰 역할을 했을 것입니다. 나를 대변해 주는 회사라는 조직, 해를 거듭할수록 올라가는 연봉에 대한 자부심에 기대어 오랜 세월 당당하게 살아왔는데 그것들이 한순간에 사라지면 어떻게 될까요? 지난 세월이 허무하게 느껴지고 앞으로의 삶이 막막하게 느껴질 것입니다.

이러한 자부심은 나로부터 출발한 감정이 아닙니다. 자신의 본질적 가치에 대한 자각이 아닌, 상대적 우월감과 외부 세계의 평가에 곤두선 상태에서 키워온 감정이다 보니 비교와 경쟁 속에서 점점 더 왜곡되었을 가능성이 큽니다. 나를 둘러싼 내부 환경과 외부 환경을 철저히 구분해서 나와 우리가 그들보다 낫다는 우월감에 도취되어 살아왔다면 이러한 자부심이 사라진 이후의 삶은 공허할 것이 자명합니다. 그러므로 지금 내가 느끼는 자부심의 실체를 제대로 인식하면서 살아가는 것이 무엇보다 중요합니다.

열정과 마찬가지로 자부심을 강요당하는 것도 조심해야 합니다. '전업주부로서 자부심을 가져라!', '청춘이라는 자부심을 갖고 도전해라!' 등 본인의 의사와는 무관하게 자부심을 강요당해서 오히려 자존감이 떨어지는 경우도 많습니다. '억지 부심', '가짜 부심'도 만연한 사회니까요. 철학자 라이언 홀리데이(Ryan Holiday)는 책 『에고라는 적』에서 이런 이야기합니다.

"위대한 이야기의 주인공 행세를 할 게 아니라 일을 실행하는 것 자체에, 무엇보다도 그 일을 탁월하게 해내는 것에 초점을 맞춰야 한다. 가짜 왕관이 머리에 얹히는 것을 피하고 우리를 그 자리까지 오게 만든 노력을 계속해 나가야 한다."

맞습니다. 우리는 우리가 다니는 회사 혹은 팀 내에서의 직급, 때론 가정에서의 역할과 사회적 지위 자체에서 영광을 찾기보다 우리가 이 자리까지 오기 위해 혹은 이 자리를 유지하기 위해 그간 들인 노력과 정성에 더 집중해야 합니다.

집단 자부심도 다르지 않습니다. 우리나라 사람들은

집단 자부심이 아주 강한 편에 속합니다. 인맥, 학맥, 심지어 사는 지역까지 특정 집단에 속해 있다는 것에 강한 자부심을 느끼곤 합니다. 그리고 구성원들이 지니는 소속감에 따라 내집단과 외집단으로 구분하는 것에도 능하죠. 내집단은 '우리 집단'으로 개인이 특정 집단에 소속되어 있다는 느낌을 받고 구성원 간에 '우리'라는 공동체 의식이 강한 집단을 의미합니다. 반면에 외집단은 '다른 집단'으로, 이질감이나 적대 의식을 가지는 집단을 말합니다.

이런 개념이 강조되면서 '우리 편이냐, 남의 편이냐'는 식의 편 가르기가 만연하고 있으며 우리 집단의 자부심을 강화하는 방법으로 타인 집단을 시기하거나 혐오 혹은 적대시하는 행태를 보이기도 합니다. 학벌 우월주의와 외국인 노동자 혐오 그리고 지역, 성별, 세대 간 갈등도 모두 이런 집단 자부심에서 비롯된 것입니다. 그러나 집단 내부의 자부심이 아무리 강해도 그 또한 한계점이 있기 때문에 결국에는 다른 집단과의 비교로 인한 상대적인 박탈감은 생길 수밖에 없습니다. 즉 집단 자부심과 관련된 우월감은 언제든지 열등감으로 뒤집힐 수 있습니다.

물론 조직을 이끌어가는 리더들에게 자부심은 더없이

좋은 수단입니다. 동기부여와 결속력 강화를 통해 성과를 내는 데 이보다 유용한 것은 없죠. 그러나 개인의 삶에서는 반드시 그렇지만은 않습니다. 자부심에 중독되면 내 생각이 옳고 내가 가진 것만 최고이며, 남의 것은 폄하해도 된다는 독선에 빠지기 쉽고 오만해지기 일쑤입니다. 이런 식으로 타인을 배제하다 보면 대인관계에 문제가 생기고 결국 스스로 고립되기도 합니다. 그런데 안타깝게도 집단 내 다수의 사람이 이런 집단 자부심에 취해 있다면 상황은 더 안 좋게 흐를 수 있습니다. 집단 이기주의가 어느 순간 당연해지는 것입니다.

물론 자부심이라는 단어 자체에 부정적 뉘앙스가 강해진 건 그것대로 안타깝습니다. 분명 자부심은 나와 내가 속한 집단의 성취를 위해 동기부여를 해주는 긍정적 측면이 있으니까요. 다만 나의 존재 자체에 의미를 부여하지 않고 타인과의 비교 우위에 가치를 두는 것은 문제입니다. 이런 자부심이 과하면 허세가 되거나 더 나아가 망상으로 이어질 수도 있습니다. 허세와 망상은 보통 자존감이 낮을 때 생기는 감정이죠. 무의식적으로 내적 결핍이나 열등감을 숨기려고 자신을 과대평가하는 것인데, 이 역시 평소에 자기 인식을 제대로 하지 않기 때문에 생기는 현상입니다.

누군가가 나를 너무 좋아한다거나, 나는 돈이 아주 많고 유명 대학을 졸업한 인재라고 여기는 망상은 대부분 자기 열등감에서 비롯된 것입니다. 사실은 내가 나에게 자신이 없기 때문에 벌어지는 일이죠. 타인의 시선과 사회적 잣대에 부합하는 삶을 살지 못하는 자신을 방어하기 위해 '거짓된 나'를 믿어버리는 것입니다. 이처럼 나로부터 시작되지 않은 자부심은 오히려 나의 삶에 치명상을 입히는 위험한 감정일 뿐입니다.

그렇다면 자부심이 지닌 긍정적 의미만을 강화하기 위해서는 어떻게 해야 할까요? 지금껏 이야기해 온 것처럼 아주 간단합니다. 외적 자부심이 아닌 내적 자부심에 초점을 맞추면 됩니다. 물론 자부심 자체가 성취와 연관된 것이기 때문에 자꾸만 외적인 평가에 관심이 갈 수밖에 없을 것입니다. 자기만족이란 것이 쉽지만은 않으니까요. 그래서 평소에 내가 만족감을 느끼는 수준이 어느 정도인지를 아는 게 중요합니다. 이는 나만의 열정 온도를 파악하라는 이야기와 일맥상통합니다. 나의 열정 온도를 아는 것처럼 내가 만족감을 느끼는 성취의 수준을 아는 것은 아주 큰 도움이 됩니다. 만약 자기만족의 기준이 너무 높거나 지나치게 외적 요인에 치우쳐 있다면 그때의 자부심은 어느 정도 내려놓을 필요도 있겠습니다. 우리 모두 지금보다는 자유롭고 싶을 테니까요.

마찬가지로 사람마다 자부심을 느끼는 영역 또한 다릅니다. 어떤 사람은 자신이 속한 집단에서는 자부심을 전혀 느끼지 않고, 개인의 성취에서만 강한 자부심을 느끼기도 합니다. 그러므로 자기만족의 기준에 더해 자기만족의 영역을 알아보는 것도 정말 중요합니다.

물론 남들에게 자랑할 만한 나의 성취도 겸손하게 받아들이면 과시하고 싶은 마음은 자연스럽게 줄어들 겁니다. 타인에게 상처를 줄 일도 없겠죠. 이렇게 되기 위해서는 나부터가 나의 본질적 가치를 알아줘야 합니다. 굳이 남에게 보여주고 그들로부터 인정받지 않아도 되는 나만의 본질적 가치를 인식하면 자존감을 높일 수 있고 절로 겸손해집니다.

"자부심이 있는 사람들이 얻는 축복은 그야말로 귀중하지만, 이것은 내면의 축복이다. 자부심이란 자신에 대한 정당한 사랑이며 이런 사랑을 정당화하는 것은 남들의 인정을 받든 말든 진실한 탁월성이나 재능뿐이라는 사실을 잊지 말아야 한다."

미국의 철학자 리처드 테일러(Richard Taylor)가 정의한 '정당한 자부심'입니다. 이는 자부심이 우리 삶에 긍정적 영향을 미치기 위해 가져야 할 아주 기본적인 마음가짐이라 할 수 있습니다. 자부심이 내면의 축복이 되는 삶, 그거야말로 우리가 추구해야 할 궁극의 자부심이 아닐까요.

# 자기 연민이 자존감보다 중요한 이유

_ 연민

 

과거에 내가 저지른 실수나 실패를 떠올리면 어떤 기분이 드나요? 중요한 시험을 앞두고 안일했던 시간, 한순간의 잘못된 선택으로 몇 년간 쌓아온 노력을 물거품으로 만들었던 뼈아픈 경험, 나의 무심함으로 소원해져 버린 소중한 인연들…. 이런 후회스러운 일들을 떠올릴 때마다 대개는 자신을 공격하고 비난하기 쉽습니다. 우리는 왜 남보다 나에게 '괜찮아'라고 말해주는 것에 인색할까요? 타인을 응원하고 위로하듯이 스스로를 보듬어주는 것. 자기 연민은 바로 그런 감정입니다.

이런 자기 연민의 감정도 많이 왜곡된 감정 중 하나라 정신과 의사로서 참 안타깝습니다. '연민'이라는 단어의 사전적 정의는 '불쌍하고 가련하게 여김'입니다. 외롭고 힘들어도 쿨한 척하는 걸 멋지다고 생각하는 요즘의 정서상 불쌍하다는 말은 부정적 뉘앙스를 풍깁니다. 그래서 연민은 촌스러운 감정이라는 오해를 받고 있죠. 게다가 자기 연민이 현실을 무시하고 문제를 회피하는 등 자신을 보호하는 데 급급한 부정적인 자기방어의 한 가지 예시로만 인식되는 것도 사실입니다.

그러나 연민이라는 감정을 제대로 인식하고 확장하는 과정 전반을 제대로 이해하면 그런 선입견에서는 쉽게 벗어날 수 있습니다. 연민의 근간은 성장 환경 속에서 형성된 나의 성격을 종합적으로 인식하면서 나를 깊이 있게 이해하는 데 있습니다. 나를 제대로 이해하다 보면 저절로 공감하게 되고, 나를 대하는 태도도 자연스럽게 달라집니다. 비난, 책망, 후회보다는 안쓰러움과 대견함 등으로 감정이 확장되면서 어느새 이런 나 자신을 있는 그대로 받아들이게 되죠.

그래서 자기 수용의 단계에 이른 사람에게 자연스럽게 생겨나는 감정이 바로 자기 연민이기도 합니다. 무턱대고 스스로를 비난하지 않고 다독이면서 때로는 상대로부터 자신을 변호하기도 합니다. 이로써 부정적인 감정 때문에 괴로웠던 마음도 평안함에 이릅니다. 이렇게 진정한 자기 이해를 통해 나 자신에 대해 공감하고 객관적인 시각에서 비판하려고 노력하면 나의 에너지를 불필요한 곳에 쓸일이 줄어듭니다. 그렇게 축적된 에너지는 적극적으로 외부로 나아갈 수 있는 동력이 되어주겠죠.

반면에 자기 연민 없는 자아 비판에 익숙한 사람은 실수를 통해 배우기보다는 그저 자신을 공격하는 데 집중합니다. 한정된 에너지를 이렇게 쓰다 보면 또 다른 실수를 저지를 가능성이 커지고 자신이 원하는 삶의 모습에서도 점점 더 멀어지게 됩니다.

'자기 비하'의 감정도 마찬가지입니다. 자기 비하는 방어적 심리 반응을 일으켜서 도리어 핑계를 만들어줍니다. '어차피 안될 텐데 뭐 하러?'라면서 지금 자신이 이 일을 시도하지 않는 것을 정당화해 버리는 것이죠. 매번 해야 할 일의 마감을 어기고 때로는 잠수 타기를 반복하는 사람이 이런 유형입니다. 약속한 일을 제대로 하지 못하면서도 죄책감을 느끼지 않는 지경에 이를 수도 있습니다.

반면에 자기 연민은 다음번에는 잘 해낼 수 있을 것이라 스스로를 격려하며 이번에 약속을 지키지 못한 이유를 객관적으로 살펴보게끔 만들어줍니다. 다시 한번 무언가 시도해 볼 용기를 주는 것이죠. 그래서 자기 연민은 스스로를 존중하지 않는 자기 비하와는 완전히 다른 감정입니다.

"자기 연민은 인생의 독이야."

이런 조언은 연민이 지닌 본래의 의미를 제대로 이해하지 못한 데서 비롯된 오해입니다. 자기 연민은 나 자신을 돌보기 위한 의도적인 노력입니다. 실수를 저질렀거나 좋지 않은 결과를 받아들여야 할 때, 누군가에게 거절당해서 낙담하고 있을 때 나에게 가장 먼저 건네는 위로의 말과 같습니다. 힘이 되는 친구이자 자책감에서 벗어나는 데 필요한 아주 소중한 '기댈 곳'이죠.

연민의 감정이 지닌 이러한 긍정적 측면에 주목하면 관계에서도 사람을 감정적으로 대하지 않게 됩니다. 아울러 관계에서 오는 문제를 회피하지 않으면서 좀 더 차분하고 긍정적인 태도로 마주할 수 있습니다. 그래서 아이를 키우는 양육자에게도 연민은 중요한 감정입니다. 양육자가 스스로를 비난하고 늘 위축되어 있으면 아이와의 내밀한 정서적 교감 또한 피하게 됩니다. 그러다 보면 아이와 안정적인 애착 관계를 형성하기 어렵겠죠.

이는 육아뿐 아니라 배우자와의 관계, 사회생활 속 관계에도 악영향을 미치기 마련입니다. 자신을 비난하고 자책하는 태도로 주변 사람들을 바라보면 자연스럽게 비난할 것부터 보입니다. 아이도 혼낼 것만 보이고, 배우자도 원망스럽고, 회사에서 벌어지는 상황들도 불만스럽습니다.

그러나 자신의 처지와 마음을 솔직하게 대면하고 깊게 교감하는 경험을 쌓아나가면 가족과 주변 사람을 수용하려는 열린 마음을 갖게 됩니다. 일종의 선순환이죠. 누구든 좀 더 가까이 마주하면 포용적인 태도를 지니게 되면서 관계도 개선되는 긍정적 효과가 나타납니다.

반면에 자기 연민이 부족한 사람은 인간관계를 맺거나 새로운 시작을 할 때도 자꾸 위축되기만 합니다. 자기에 대한 충분한 이해가 없다 보니 어떤 점이 부족하고 긍정적인지 몰라서 영 자신감이 생기지 않기 때문입니다. 물론 나의 현실을 마주하면 괴로울 때도 분명 있을 것입니다. 최선을 다한 결과가 만족스럽지 못할 때 스스로를 비난하게 될까 봐 두렵기도 합니다. 그러나 이런 감정까지도 수용하는 고통스러운 과도기를 거쳐야 나를 제대로 받아들일 수 있습니다. 이때 필요한 감정도 자기 연민, 얻어지는 감정도 자기 연민입니다.

여기서 한 가지 주의해야 할 점은 억지로 자기 연민의 감정을 끌어올리는 행위입니다. 연민의 감정에 지나치게 몰입하면 그 또한 부정적인 영향을 미칩니다. 실수를 저질렀거나 무언가에 실패했을 때 무조건 합리화하고 책임을 회피하면서 개선하려는 노력은 하지 않을 수 있습니다. 그렇게 되면 성장이 멈추고 맙니다. 동기도 안 생기고 계속 정체되기 때문에 자기 연민이 부족할 때 유발되는 회피와 미루는 태도가 되레 강화됩니다. 이런 부정적인 면을 걱정해 자기 연민을 하지 않으려 노력하는 사람도 많으리라 생각됩니다. 그러나 이 또한 반복되지만 않는다면 연민이라는 감정을 적절히 조절하는 계기가 될 수 있습니다. 이런 과정을 겪어야만 균형 잡힌 자기 연민이 가능합니다.

그렇다면 자기 연민이 삶에 긍정적인 영향만 미치게 하려면 어떻게 해야 할까요? 세 가지 요소가 필요합니다. 앞서 말한 균형과 책임감 그리고 행동입니다. 많은 사람이 자기 연민 없이 책임감이나 행동만 강조하거나 자기 연민에만 빠져서 책임감 있는 행동을 거부하는 극단에 머무르고 있습니다. 자기 연민은 이 둘 사이의 균형을 찾으려는 노력이 전제되어야 긍정적 감정으로 작용할 수 있음을 기억해야 합니다.

타인에 대한 연민도 적정 수준이라면 배려심과 공감 능력이 출중한 사람이 될 수 있지만 극단으로 치달으면 문제가 됩니다. 결국 연민은 타인의 고통에 공감하는 것이므로 그 과정에서 내가 너무 고통스럽다면 곤란합니다. 내가 해야 할 일이나 다른 사람과의 관계 등을 제쳐놓고 연민의 대상에게만 몰입할 수 있기 때문입니다.

또 한 가지, 연민과 동정의 감정에도 구분이 필요합니다. 타인을 향한 연민이 고통에 공감하고 그를 돕고자 하는 마음이라면 동정은 존중의 의미가 빠진 채 상대보다 내가 더 우월하다는 인식으로 거리를 두며 불쌍히 여기는 마음입니다. 이때는 상대에게 실질적인 도움도 주려 하지 않죠. 심지어 타인에 대한 배려 없이 그의 잘못으로 벌어진 일이라는 식으로 그를 탓하는 경우도 있습니다.

이때 만약 동정하는 대상이 자기 자신이라면 본인마저 존중하지 않게 됩니다. 스스로를 피해자나 희생양이라고 생각하면서 남 탓만 하다 보니 자신이 처한 상황과 슬픔을 털어내고 다시 일어날 의지조차 다질 수 없죠. 그저 주저앉아 누군가가 자신을 도와주어야 한다고 믿는 것입니다.

안타까운 건 우리 사회 전반에 연민보다는 동정의 감정이 지배적이라는 점입니다. 누군가 힘들다고 하면 그의 상황을 이해하기에 앞서 일단 비난하는 데 앞장서고 자업자득이라는 식의 프레임으로만 바라보는 경우가 많습니다. 동정하는 대상과 거리감을 유지하며 나는 그보다 우월하다는 것을 확인하고 그로 인해 자기만족을 얻죠. 심지어 동정을 넘어서 조롱하기도 합니다. 연민은커녕 동정이라는 감정도 제대로 느끼지 못한 채 조롱을 일삼는 세태가 그 어느 때보다 안타깝습니다. 그래서 이제라도 연민의 진정한 의미를 제대로 이해하는 것은 너무도 중요합니다.

마지막으로 자기 연민은 성장을 위한 탐색과 확장에도 영향을 미칩니다. 그러니 그 어느 때보다 성장이 중요한 세대인 30대와 40대는 자기 인식을 통해 연민의 감정을 확대해 나갈 필요가 있습니다. 끊임없이 성장해야 한다고 스스로를 다그쳐서 열심히 노력하지만 정체된 느낌이 들고 불안하다면 나를 연민하는 연습을 해보세요.

저 역시 아이들이 어릴 때 육아와 병원 일을 동시에 해내며 그 어느 때보다 열심히 살아왔습니다. 정말 힘들었던 상황에서 안간힘을 쓰며 앞만 보고 내달린 시기였습니다. 지금에 와서 보면 나를 향한 건강한 연민의 감정을 배울 수 있는 시기를 지날 수 있어 참 다행이라는 생각이 듭니다.

성장에 대한 강박이 큰 시기에는 자기 연민의 긍정적 가치를 삶 속에서 실천해 보는 것이 큰 도움을 줍니다. 균형 잡힌 자기 연민만큼 새로운 성장을 꿈꾸는 데 중요한 감정도 없으니까요. 자신의 경험을 내면화하는 과정이며 필연적으로 행동을 동반하기 때문입니다. 또한 확장된 연민으로 공감 능력이 높아지면 평정심을 유지하면서 긍정적 에너지를 키워나갈 수 있습니다. 이러한 에너지를 통해 연민의 확장을 방해하는 무한 경쟁심, 분노, 끝없는 소유욕 같은 분에 넘치는 마음도 다스릴 수 있죠.

한 시대의 키워드이기도 했던 자존감이 무언가를 내 안에 자꾸 채워 넣어야만 유지될 것 같은 감정이라면 자기 연민은 그런 강박 없이도 가능하다는 점에서 조금 더 편안하고 친화적인 감정입니다. 그저 나 자신과 솔직하게 마주하는 것만으로도 당장 실천해 볼 수 있는 감정이 바로 자기 연민인 것이죠. 불편하고 받아들이기 힘든 감정들이 넘실대는 우리 안에서 나를 건강하게 연민하는 마음만큼 다정한 감정도 없을 것입니다.

긍정에 걸려 비틀거리며 넘어지지 않기 위해서는

기본적으로 나를 지탱해 줄

내면의 힘이 필요합니다.

# 4장

# 오늘 하루도 나를 지키는
## 감정 돌보기

_ 실천 편

하나_
# 내 입장만 생각해야 하는 이유

"너는 어떻게 네 입장만 생각하니? 다른 사람 생각도 해야지."

우리가 평소에 자주 듣거나 혹은 하는 말입니다. 원만한 인간관계를 위해서 '나의' 입장보다는 '남의' 입장부터 생각하고 배려하라는 의미죠. 이쯤 되니 나의 입장을 고수하는 사람은 마치 이기적인 사람이 된 것 같고, 자기 합리화를 하거나 책임을 회피한다는 생각도 듭니다. 그런데 내가 누군가에게 상처받고 심리적으로 억압받을 때도 나의 입장은 언제나 뒷전이어야 할까요?

이럴 때는 우선 나에게 상처를 주는 사람의 특징부터 살펴봐야 합니다. 만약 그가 나를 직접적으로 공격해서 상처를 주는 게 아니라 내가 나를 공격하게끔 교묘하게 유도하거나 나도 모르게 눈치 보고 자꾸 나의 감정을 숨기게끔 만드는 유형이라면 우리는 반드시 이들로부터 나의 입장을 고수하는 법을 익혀야 합니다.

물론 평상시에 자기 검열을 자주 하는 사람이라면 이런 부당한 순간에서조차 타인의 시선을 의식해 나의 감정 객관화에 집중할 겁니다. 당연히 큰 심리적 타격을 받으면서요. 그래서 우리는 평소에 '자기 인식에서 비롯된 내 입장 생각하기' 훈련을 해두어야 합니다. 이는 나의 주관성을 회복해 삶 전반에 적용하는 일종의 솔루션입니다. 이런 훈련이 안 되어 있으면 매번 타인의 상황에 휩쓸리고 시류에 민감한 성정을 갖게 됩니다.

진정한 자기 객관화는 내 주관이 생긴 상태에서 객관적으로 나를 바라보는 것입니다. 나의 감정을 충분히 이해하고 수용하는 내적 경험을 바탕으로 한 자기 객관화만이 나를 안전하게 지켜줄 수 있습니다. 이는 어떤 행동을 꾸준히 밀고 나가기 위해서도 필요한 과정입니다. 자기 내면화에 기반한 객관화를 해두면 일관성이 생기기 때문에 선택의 순간에도 갈등하는 시간을 줄일 수 있습니다.

자연스럽고 조화로운 '나' 자신에게 집중해 보세요. 억지로 마음의 물길을 바꾸거나 댐을 쌓지 말고 그저 내 마음이 흐르는 대로 살펴보는 태도가 중요합니다. 각색하거나 필터로 덧씌우지도 마세요. 날것의 내 감정과 만나는 것이 두려운 이유는 자연스러워지면서 결국에는 조화로워지는 감정의 내적 경험치를 쌓아본 적이 없기 때문입니다.

"내 입장만 생각하라는 말은 이기적으로 살라는 말인가요?"

가끔 제게 이렇게 반문하는 분들이 있습니다. 그런데 제가 강조하는 '내 입장'이 이기적인 삶을 살라는 의미는 아닙니다. 타인과의 관계가 아닌 나와의 관계를 우선시하면서 내면의 자연스러움과 균형을 추구하자는 것이죠. 그래야 내가 만족하는 행복한 삶을 살 수 있습니다. 자아의 균형은 이기심과 이타심이 적절히 조화를 이루었을 때 비로소 가능합니다. 한쪽으로만 치우쳐서는 안 되겠죠.

그러니까 내 감정을 먼저 주관적으로 이해하고 진정한

자기 객관화를 이룬 후 타인에게로 눈을 돌려야 합니다. 이때 자신을 주관적으로 바라보는 것도 일종의 이기심입니다. '나만 생각하라'라는 것이 아니라 '나를 먼저 살피고' 타인의 생각과 감정에 관심을 기울이자는 의미입니다. 이렇게 이기적으로 나의 입장부터 생각해야 합리적이고 지속적으로 이타적인 삶을 살 수 있습니다.

이러한 감정 인식의 순서를 무시하면 나 자신도 잘 모르는 나의 존재를 평생 끌어안고 살아가야 합니다. 그런 삶에서는 자기 연민을 느낄 수 없고 외로움과도 친구가 될 수 없습니다. 그러니 이제부터는 조금 더 건강한 이기심을 키워보는 일에 열중해 보면 어떨까요? 나의 마음에 먼저 공감하고 연민을 느끼며 보듬어줄 수 있는 사람이 다른 사람의 마음도 챙길 수 있습니다. 나의 몸이 긴강해야 다른 사람의 몸을 돌봐줄 여유도 가질 수 있는 것처럼요.

둘_
## 거절할 수 없다면 침묵하라

살다 보면 유난히 상대를 만만하게 보고 함부로 대하는 무례한 사람들을 만나기 마련입니다. 이런 사람들은 대개 자기애적인 성격이 강한 나르시시스트입니다. 그들은 자기중심적이고, 인간관계를 서열로 파악해서 우위에 서기 위해 상대를 억압하는 행위를 서슴지 않죠. 그러면서 양심의 가책이나 죄책감도 느끼지 않습니다. 이렇게 '선을 넘는 사람들'은 다른 사람의 경계를 침범하는 것에 크게 개의치 않습니다.

그런데 이런 무례한 사람들에게 당하고 억울해하는 이

들 중 대부분이 '도대체 저 사람은 나한테 왜 저럴까?'에만 집중합니다. 그럴 필요가 전혀 없는데도 말이죠. 부디 자기애적 성격으로 무장한 사람들을 이해하고 분석하는 데 나의 소중한 시간을 허비하지 마세요. 그를 이해하기 위해 애먼 시간을 쓰다가 도리어 상처받은 내 마음을 외면하게 됩니다. 게다가 그런 상대는 분석해 봤자 달라지지 않고 굳게 마음먹은 것처럼 대응하기도 쉽지 않습니다. 그러니까 우리가 집중해야 할 대상은 무례하게 구는 사람이 아니라 나의 감정입니다.

일상에서 선을 넘는 사람들에게 반복적으로 시달리다 보면 더 이상 당할 수만은 없겠다는 생각을 하게 됩니다. 그래서 편안하지만 만만한 사람이 되지 않는 법, 부탁도 잘하고 거절도 잘하는 사람이 되는 법 등을 다룬 자기계발서를 탐닉하게 되죠. 그러나 그런 팁이 일상생활에 실질적인 도움을 주는 경우는 드뭅니다.

가령 거절을 잘 못하는 사람에게 죄책감을 느끼지 말고, 단호하면서도 감사한 마음을 담아 거절하라는 식의 조언을 한다고 생각해 봅시다. 행동이야 그렇게 따라 해 볼 수는 있겠지만 거절하는 순간에 자신이 마주하는 감정은 피할 도리가 없습니다.

내가 그 순간에 느끼는 구체적인 감정과 대면해 보는 것이 더 근본적인 대책이죠. 거절을 못 했을 때 자책하고 후회하는 감정을 온전히 느껴보세요. 그리고 거절할 때는 그때의 힘겨운 감정을 충분히 느껴봐야 합니다. 그 순간의 다양한 감정을 마주하면서 내가 어떤 감정 때문에 거절을 피하는지 알게 되면 자연스럽게 그 감정을 다루는 방법도 터득하게 됩니다.

보이지 않는 기 싸움과 상대가 나에게 기대하는 바에 부응해야만 될 것 같은 긴장 상태를 못 견디는 사람들이 있습니다. 그런 상황은 그들에게 너무 큰 스트레스라서 이렇게 괴로워하느니 그냥 부탁을 받아들여서 분위기를 좋게 만들자는 생각에 덜컥 요청을 수락하고 마는 것이죠. 그 순간 내 마음은 긴장 상태에서 잠시나마 놓여날 수 있습니다만 오래 지나지 않아 다시 이 순간을 후회하게 될 것입니다. 그러고 나면 왠지 호구가 된 것 같은 기분을 떨칠 수가 없을 거고요.

잘 거절하기 위해서는 그런 불편한 분위기 속에 놓였

을 때 내가 느끼는 감정을 제대로 마주하는 과정이 그 어떤 팁보다 더 유용합니다. 착한 아이 콤플렉스를 지닌 사람은 그런 순간에 상대의 기대에 부응하지 못해 그가 나에게 안 좋은 감정을 가질까 봐 걱정합니다. 그래서 좋은 사람이 되기 위해 선을 넘는 강요도 거절하지 못하는 거죠.

반대로 내가 거절당할 때는 어떤 감정이 들까요? 이런 사람들은 그것을 어떤 행동이나 제안에 대한 거절이 아닌 '나' 자신에 대한 거부라고 느끼기도 합니다. 이처럼 거절이라는 행위에 대한 나의 감정을 다면적으로 파악하다 보면 그런 상황을 마주할 때의 두려움도 점차 줄여나갈 수 있습니다.

물론 어쩌다가 한 번씩 만나는 사람에게 거절하는 것은 그다지 어렵지 않습니다. 늘 만나는 좋은 관계의 사람이나 가족들에게는 그게 참 쉽지 않죠. 좋은 관계를 망쳐버릴까 봐 걱정이 앞서기 때문인데요, 여러 번 말했지만 오히려 자연스러운 거절이 허용되지 않는 관계가 더 건강하지 못한 관계입니다. 진짜 좋은 관계는 내가 거절하더라도 언제나 나를 수용해 주는 관계입니다.

거절은 결코 관계를 해치지 않습니다. 오히려 서로 거절을 주고받아야 관계가 더 돈독해질 수 있죠. 나의 경계, 즉 감정과 생각을 솔직하게 표현하는 과정이기 때문에 진솔한 마음이 서로 교류되면 오히려 더 좋은 관계로 나아갈 수 있습니다. 그런 의미에서 관계에 있어 '좋은 게 좋은 거다'라는 말은 결코 서로에게 좋지 않습니다. 타인을 실망시키는 것에 두려움을 있는 그대로 인식하고 그저 흘러가게 두세요. 우리 중 누구도 완벽한 사람은 없고, 누구나 한계치가 있기 때문에 상대를 만족시킬 때도, 실망시킬 때도 있는 것입니다.

무엇보다 거절은 내 마음이 보내는 경계의 신호입니다. 그 제안을 받아들였을 때 나의 자연스러움이 훼손당할 수도 있으니 충분히 고민해 보라는 일종의 조언인 셈이죠.

그런데도 거절하는 것이 여전히 힘들다면 침묵이라는 소극적인 거절을 시도해 볼 수도 있습니다. 누군가가 나에게 사과하거나 부탁할 때 혹은 곤란한 일을 제안할 때 수초의 침묵이 만들어내는 정적의 순간은 그 어떤 말보다 나의 의중을 정확히 설명해 줍니다.

침묵을 고수하고 견디면 거절은 아니지만 수용도 아닌 애매한 상태가 유지되는데, 그 순간이 아주 중요한 시작점입니다. 물론 이것 역시 연습이 필요합니다. 침묵하는 긴장 상태도 상당히 불편하거든요. 인간관계에서 침묵은 '가장 반박이 어려운 논법 중의 하나'라는 말도 있습니다.

물론 침묵이 거절처럼 근본적인 방법은 아닙니다. 그러나 나의 솔직한 생각과 감정을 드러내는 경험치가 많이 쌓이지 않았다면 추천하는 방법이죠. 침묵이 어쩌면 거절이 두려운 당신의 가장 큰 무기가 되어줄지도 모르니까요.

셋

# 화가 나는 것과
# 화를 내는 것은 별개다

팀원의 업무 태도나 성과가 마음에 들지 않을 때마다 싸증을 내는 상시, 아이의 성적이 자신의 기대치에 미치지 못할 때 마구잡이로 분노를 표출하는 부모, 사소한 실수나 무심한 말 한마디도 그냥 지나치지 못하고 감정적으로 대하는 연인…. 감정 조절이 잘되지 않는 사람들은 언제나 곁의 사람들을 괴롭게 합니다. 그가 직장 동료나 가족 구성원처럼 늘 함께하는 관계라면 더욱 그렇죠. 이들이 매번 자신의 감정을 행동화하는 이유는 무엇일까요?

우리는 매 순간 감정을 느낍니다. 그러나 화가 나도 그 감정을 스스로 객관화하면서 대응하는 사람이 있고, 자신과 감정이 하나 되는 순간에만 머무르면서 감정의 소용돌이에서 빠져나오지 못하는 사람이 있습니다. 이렇게 감정에 압도되어 휘둘리는 사람에게는 매사 감정적으로 말하고 행동하는 무의식적인 반응이 습관처럼 굳어집니다.

그런데 이때 나의 자동적인 반응을 선택적인 반응으로 바꾸는 방법이 있습니다. 감정은 뇌 구조적으로도 편도체에 관련된 반사적인 반응이고, 이성은 전두엽의 활성화와 연관이 있습니다. 그러므로 특정 감정을 인식한 후에는 즉각 행동하지 말고 그것을 해석하고 이해하는 과정을 거쳐 전두엽을 활성화하는 것이 좋습니다. 충동적으로 이루어지는 행동화는 이런 감정의 인식과 이해가 제대로 이루어지지 않기 때문에 발생하는 것입니다.

이는 '자기감'의 인식과 가치관 형성과도 연관이 있습니다. 자기감은 자존감이나 자부심의 토대가 되는 감정으로, 자신이 어떤 생각이나 감정을 지닌 존재인지 인식하고 있는 상태입니다. 매 순간 자기감을 잃지 않으려고 노력하는 시간이 쌓이면 자연스럽게 나만의 가치관이 생기고, 나아가 감정을 조절할 수 있는 능력도 갖추게 되겠죠.

자기 조절감을 높이는 또 다른 방법으로는 행동 조절이 있습니다. 감정이 격해졌을 때 행동하기 전 일시 멈춤의 상태를 유지하면서 내가 이 행동을 했을 때 어떤 결과가 생길지 예측해 보고 좀 더 이성적인 행동을 택하는 식입니다. 이를 '행동 치료'라고 합니다. 10초 동안 기다린 후 행동하고 그 결과를 분석하거나, 소리를 지르는 대신 물을 마시는 등의 대안 행동을 해보고 조절이 잘되었을 때는 보상을 주어서 행동을 강화하는 조절 방법이죠.

더 바람직한 방법은 감정의 파고와는 무관하게 감정 인식의 센서를 예민하게 유지하는 것입니다. 우리는 외부 세계의 자극이 없으면 감정도 느끼지 않을 것이라고 생각하지만 전혀 그렇지 않습니다. 감정을 덜 느낄 뿐이죠. 별일 없는 일상이라고 해도 예전에 느꼈던 감정들이 현재의 삶에 내재해 있기 때문에 그로 인한 약간의 우울함과 불안함은 느끼게 마련입니다. 그러니 섬세한 감정 인식 센서를 갖기 위해 늘 내가 어떤 감정을 느끼고 있는지 주의를 기울일 필요가 있습니다. 감정이 요동치지 않을 때는 잊고 있다가 감정이 격해지는 순간에 직면해서야 느끼려고 하면 평소의 무딘 센서가 섬세하게 반응하지 못하니까요.

　공격적인 충동은 '강박증'과도 연관이 있습니다. 감정을 최소화하고 외면하기 위해서 생각에 몰두하면 할수록 오히려 강박증은 심해집니다. 강박은 강박 사고와 강박 행동으로 구분할 수 있는데, 강박 사고는 어떤 생각에 꽂히는 것으로 감정적인 갈등이 클 때 이를 외면하기 위해서 반대쪽에 머무는 생각에 몰두하는 것을 의미합니다. 특히 평소 자신이 받아들일 수 없는 부분인 공격 성향과 성적인 생각에 꽂히는 경우가 많은데, 평상시 아무런 감정적 갈등이 없는 특정인을 공격하는 상상에 빠지기도 합니다.

　일례로 불안증과 우울감 혹은 남편에 대한 분노가 차오른 엄마가 자신의 아이를 열심히 돌보면서도 갑자기 아이를 칼로 찌르는 상상을 하거나 베란다 밖으로 던지는 충동에 휩싸이기도 합니다. 이런 상황에서 내가 가장 소중하게 여기는 대상을 상대로 그런 상상을 한 것에 죄의식을 느끼기 시작하면 또 부정적인 감정이 강화되면서 악순환이 반복됩니다. 이때 강박은 의도적인 것이 아니고 현재의 나를 지배하는 어떤 감정을 억압했기 때문에 생긴다는 걸 깨달아야 합니다.

이와 유사한 강박 행동은 강박 사고를 해소하기 위해 행하는 행위입니다. 내가 누군가를 칼로 찌르는 충동이 드는 사람은 칼만 보면 모조리 치우고, 문이 열려 있을까 봐 불안해 문을 잠갔음에도 반복적으로 확인하는 등의 행동을 합니다. 이러한 강박 증상을 해소하기 위해서는 강박적 사고를 자신과 분리된 단순한 생각으로 간주하고 거리를 두는 연습을 하거나 불필요한 행동을 서서히 줄여나가는 노력을 하는 것이 좋습니다.

다만 제가 추천하는 방법은 조금 더 근본적인 것으로 이면에 존재하는 강렬한 감정을 제대로 인식하는 것입니다. 공격성이나 분노는 모든 사람이 갖고 있는 자연스러운 감정입니다. 자신의 공격적 충동을 너무 두려워하고 외면하려고만 하면 더 강렬한 충동에 휩싸이므로 있는 그대로의 감정을 제대로 인식하고 받아들여야 합니다. 그래야 충동이 줄고 행동으로까지 이어지지 않습니다.

간혹 "자신의 감정을 잘 인식하고 솔직해져라"라는 조언을 "감정 조절을 하지 말고 마음대로 표출하라"로 왜곡하는 사람들이 있습니다. 감정과 행동을 구분 짓지 않는 것이죠. 제가 늘 강조하는 감정을 잘 인식하고 솔직해지라는 말의 의도는 '감정대로 행동하라'라는 의미가 아닙니다. 무슨 감정이든 있는 그대로 진솔하게 마주하라는 의미입니다. 그다음 감정을 행동이 아닌 말로 먼저 표현해야 합니다. 화가 난다고 해서 그 감정을 타인을 해하는 행동으로 표출해서는 안 됩니다. 그래서 초반부에 설명했듯이 감정과 행동을 구분하는 것은 이 과정의 아주 중요한 축입니다.

화가 나는 것과 화를 내는 것은 별개입니다. 화가 나는 것은 주관적인 반응이지만 화를 내는 것은 상황에 맞게 조절해야 하는 행위인 거죠. 내가 느끼는 감정과 표현하는 행동만 잘 구분해도 공격적인 충동은 한층 완화됩니다. 그런데 많은 사람이 자신의 감정을 깊이 인식하면 할수록 행동으로 표출되는 빈도가 잦아지고 범위가 커질까 봐 자기 마음을 아예 외면하는 잘못된 선택을 합니다. 이렇게 본연의 감정을 외면하면 오히려 감정을 행동으로 표출하는 데만 익숙해져서 여러 문제들과 마주하게 되는데도 말입니다.

넷_

# 인간관계에서
# 손절이 답이 아닌 이유

'손절이 축복이 되는 사람들의 유형'을 일러주는 콘텐츠는 SNS에서 언제나 인기가 많은 콘텐츠 중 하나입니다. 그중에 지금 나를 힘들게 하는 사람의 유형이 있거나 과거에 그런 사람을 실제로 손절한 경험이 있다면 콘텐츠를 보면서 위안받을 수도 있죠. 그 기회에 나만의 손절 리스트를 만들어보기도 하고요.

그런데 정말 손절만으로 인간관계에서 발생하는 수많은 문제를 해결할 수 있을까요? 절대 그렇지 않습니다. 손절은 결코 답이 될 수 없습니다. 그보다는 단순한 '회피'에 더 가깝죠. 인연을 끊는 것이 인간관계의 문제를 근본적으로 해결해 주지 않기 때문입니다. 나를 힘들게 하는 사람은 언제 어디서든 만날 수 있는데 그때마다 그 사람을 손절하는 것은 불가능합니다. 아무리 피해도 비이성적이거나 나와 맞지 않는 사람은 존재합니다. 직장인이라면 누구나 공감하는 인간 유형을 설명할 때 반드시 등장하는 질량 보존의 법칙처럼 말입니다.

사람 때문에 힘든 것은 물론 상대방의 문제 때문일 수도 있지만 그를 받아들이는 나의 감정 때문일 수도 있습니다. 만일 나의 감정적 어려움이 원인이라면 매번 손절해 봐야 그런 사람은 곧 다시 마주치기 마련이고, 나는 그때마다 괴롭고 힘들겠죠. 나의 마음을 들여다보고 문제의 실마리를 찾는 대신 너무 손쉬운 해결책만 찾고 있던 건 아닌지 스스로에게 질문해 볼 필요가 있습니다.

무엇보다 손절을 반복하면 마음이 위축되고 내 삶의 영역이 제한되는 어려움이 생깁니다. '내 주변에는 왜 이렇게 이상한 사람들만 있는 걸까?', '나는 왜 자꾸 사람들과 멀어져야만 할까?' 이렇게 자신을 탓하면서 사람들을 멀리하게 되니까요.

　그렇다면 이번에는 조금 다른 관점으로 그동안 내가 손절한 사람들의 유형과 특성을 한번 살펴보는 건 어떨까요? 나의 '내면 그림자'를 알아보는 절호의 기회를 만드는 것입니다. 물론 그 과정은 괴롭겠지만 이 과정을 거치면 손절하지 않아도 관계에 만족감을 얻고 심리적 안정감을 되찾는 방법을 어렴풋이 익힐 수 있죠. 물론 극적으로 관계가 좋아지지는 않겠지만, 반복적으로 관계에 어려움을 겪고 있다면 밑져야 본전이라고 생각하고 시도해 보시길 권합니다.

　예를 들어 상사 때문에 회사를 그만두고 싶다면 그 사람의 어떤 면이 나를 힘들게 하고 그때마다 내가 느끼는 감정은 무엇이었는지 먼저 살펴봐야 합니다. 이런 감정 인식도 없이 회사를 옮겨봐야 달라지는 건 아무것도 없습니다. 그런 상사를 만나서 또다시 회사를 때려칠 확률만 더 높아질 뿐입니다. 반면에 나의 내면 그림자를 발견하고 이해하려고 애쓰면 내가 특별히 힘들어하는 사람의 유형이 드러나고, 그때마다 내가 지나치게 과민 반응 하고 있음을 이해하는 순간 불편감이 줄어들면서 마음의 문이 열리기 시작합니다.

가령 지나치게 간섭하고 꼼꼼하게 체크하는 사람과 함께 있을 때 남들보다 더 큰 불편을 느끼는 사람이 있습니다. 이런 사람은 어릴 적 하나부터 열까지 체크하고 관리하던 부모님 때문에 힘들었던 기억이 있을 가능성이 크죠. 억지로 이리저리 끌려다니던 느낌, 나를 옥죄고 통제하던 느낌이 나의 내면 그림자로 남아 있을 수도 있습니다. 이런 경험이 여전히 내면의 그림자로 남아 있다면 그 상사가 지닌 특정 성향을 과도하게 부각해서 바라보고 있었을 것입니다. 나의 주관성이 떨어지면서 존재감도 희미해지는 경험을 해봤기 때문에 비슷한 유형의 사람을 만나면 유독 힘이 드는 것입니다.

이렇듯 감정 인식이 되면 대면하는 것이 불쾌할 정도로 감정이 격화되지는 않습니다. 그 사람을 향한 마음이 좋은 감정으로 바뀔 가능성은 크지 않겠지만 그럭저럭 일하며 마주할 만한 정도는 되는 것입니다. 이런 이해의 과정을 지나면 근본적으로 사람에 대한 경계심이 다소 누그러들기 때문에 심리적 안정감을 찾을 수 있습니다. 나도 잘 몰

랐던 나의 면면을 깨닫게 되면 평소 잘 맞지 않던 사람과
도 날이 서지 않은 상태로 대면할 용기를 얻을 수 있고요.
이런 식으로 인간관계를 하나의 문제로 보고 해결해야 한
다는 강박에서 벗어나면 나를 이해할 수 있는 기회가 생깁
니다.

물론 그럼에도 손절해야 하는 사람은 있습니다. 가족
이라는 이유로 나를 가스라이팅하고 억압하는 사람, 선을
넘는 나르시시스트 등은 반드시 손절해야만 하는 부류입
니다. 이들과의 관계에서는 나를 이해할 기회를 찾기 어렵
습니다. 그저 착취하는 자들이라 상호작용이 불가능하기
때문이죠.

이런 경우를 제외하고 서로 불편을 느끼는 정도의 관
계라면 나의 감정 인식을 통해 조율을 시도해 볼 수 있습
니다. 혹시나 내가 너무 과민하게 반응하는 것은 아닌지 돌
아보면 소통으로 해결할 기회도 찾을 수 있고요. 나와 잘
맞지 않는 사람이라고 해서 무턱대고 관계 단절을 선언하
는 것은 고립을 자처하는 일과 같습니다.

살다 보면 모든 인연에는 때가 있다는 걸 깨닫습니다. 요즘에는 이를 '시절 인연'이라고도 하더군요. 지금 내 곁에 있는 사람들도 언젠가는 나를 떠나기 마련이고 나도 마찬가지로 누군가의 곁을 떠나게 될 것입니다. 전혀 기대하지 않았던 곳에서 오래 갈 인연을 만나기도 할 거고요. 그래서 인간관계의 변화를 너무 무겁게 받아들이거나 누군가와 멀어졌다고 해서 필요 이상으로 자책할 필요는 없습니다. 모든 것이 변하듯이 관계도 마찬가지입니다. 각자의 상황에 따라 멀어지고 틀어지고 가까워지는 것이 자연스러운 인간관계의 모습이죠.

다섯_
# 플래너가 아닌 감정일기 쓰기

감정을 잘 다루기 위한 방법 중 하나로 제가 늘 강조하는 것이 바로 감정일기 쓰기입니다. 기록하면 마음속에 떠도는 감정들이 선명해지면서 이면에 숨은 감정들까지 이해할 수 있습니다. 이런 경험이 축적되면 감정을 잘 다룰 수 있는 노하우가 쌓이게 되고요.

만약 특정 감정에 압도되어 영향을 많이 받는다면 그것은 감정을 제대로 다루지 못했기 때문입니다. 감정을 제대로 다루면 감정에 힘이 빠져 미치는 영향력도 줄어듭니다. 예를 들어 중요한 시험을 앞둔 사람이라면 간절함이라는 감정에 압도될 수 있습니다. 간절함은 원래 부정적 감정이 아니지만 그 힘이 너무 세면 오히려 방해가 됩니다. '이번에는 반드시 시험에 합격해야만 해!'라는 간절함이 너무 강하면 그 감정에 에너지가 쏠려 정작 공부 자체에 몰입하는 힘은 떨어질 수 있습니다. 불안이 높아지기도 합니다.

이런 감정을 자세히 들여다보면서 감정일기를 쓰면 어떻게 될까요? 나의 상황이 객관적으로 보입니다. 내가 이렇게 간절히 성공을 원하는 이유가 '가난했던 부모님이 다른 가족들에게 무시당하는 걸 보면서 받은 상처' 때문이라는 자기만의 스토리가 풀릴 수도 있습니다. 그러면 나의 간절함 이면에 좌절감, 수치심, 불안과 공포, 혹은 원망의 감정이 숨어 있었다는 걸 알게 됩니다. 자연스럽게 감정에 힘을 뺄 수 있는 환경이 마련되는 것입니다. 그렇다고 해서 공부에 대한 열의가 줄어드는 건 아닙니다. 이면의 감정들이 약화되고 심리적 안정감은 높아져서 오히려 공부에 더 몰입할 수 있게 되죠.

감정일기를 쓰는 것은 감정의 복잡한 실타래를 푸는 행위와 같습니다. 어디서부터 감정의 매듭이 생겨서 잘 풀리지 않았는지 그 지점을 찾아 풀어내는 과정입니다. 이렇게 내 마음에 관심을 두면 오래된 나의 결핍이나 상처를 알게 되면서 감정에 힘이 빠지고 매듭도 느슨해집니다. 감정에 힘을 빼는 훈련은 그래서 중요합니다. 감정의 매듭도 힘을 줄수록 더 단단하게 꼬이기 마련이니까요.

감정일기를 잘 쓰는 방법으로는 세 가지가 있습니다. 첫 번째는 잘 쓰는 법이 없다는 것을 깨닫고 맘껏 써보는 것입니다. 정제된 글로 표현해야 한다는 강박을 갖지 말고 날것 그대로의 감정을 표현해 보세요. 다소 마주하기 불편하거나 괴롭더라도 솔직하게 적어야 합니다.

두 번째는 감정일기를 쓰는 동안 심적으로 괴롭더라도 묵묵히 견디는 것입니다. 개인 상담도 처음에는 심적 부담이 큽니다. 오랫동안 외면해 온 감정을 들추는 행위니까요.

세 번째는 나 자신이 참 별로라는 생각이 들도록 허심탄회하게 써보는 것입니다. 감정일기에는 감정만 쓰는 게 아니라 생각도 함께 기록하기 때문에 막상 써놓고 보면 여러모로 이런 내가 마음에 들지 않을 수 있습니다. 그래도 최대한 솔직하게 쓰되 도무지 그 방법을 잘 모르겠다면 상황, 생각, 감정, 행동으로 구분해서 작성해 보세요. 감정의 흐름과 감정이 나의 생각과 행동에 미친 영향을 체계적으로 이해하는 데 도움이 될 것입니다.

상황을 쓸 때는 나에게 다양한 생각과 감정 및 행동을 불러일으킨 특정한 사건을 골라야 합니다. 이때는 사건을 구체적으로 작성할수록 좋고, 상황은 객관적으로 쓰려고 노력하지 않아도 좋습니다. 감정일기의 목적은 나를 검열하는 것이 아닌 내 마음을 이해하기 위함이니까요. 내가 주관적으로 판단한 상황에 대해 최대한 자유롭게 써 내려가면 됩니다.

상황을 쓴 다음에는 그것과 연관된 나의 생각을 써보세요. 상황에 대한 나의 인지나 해석이 감정과 행동에 큰 영향을 미치므로 어떤 생각들이 떠올랐는지 적어보는 경험이 누적되면 나만의 생각 흐름이 보입니다. 당연히 나의 감정을 구체적으로 인식하는 데에도 도움이 되겠죠. 그다음 동반된 감정들을 써보고 그 상황에서 떠올린 생각과 감정에 의해 어떤 행동을 했는지 쓰면 됩니다. 이런 순서로 적으면 생각과 감정이 나의 행동에 어떻게 영향을 미쳤는지 한눈에 파악할 수 있습니다.

감정일기는 어느 정도 시간이 지난 후에 복기하는 행위라 당시의 생생한 감정을 오롯이 느끼는 데는 한계가 있습니다. 그래도 감정일기를 꾸준히 쓰다 보면 자연스럽게 그 순간의 감정과 비슷한 느낌을 받을 수 있는데, 이를 위해서는 다음의 두 가지 방법을 염두에 두고 써보시길 권합니다.

　　첫 번째는 '감정 라벨링'입니다. 나의 감정에 구체적인 이름을 붙이는 과정이죠. 감정 상태를 '좋다'와 '나쁘다'로 두루뭉술하게 표현하지 말고 좀 더 명확하고 구체적인 언어로 작성해 보세요. 감정을 세밀하게 표현하고 구분하려는 시도는 감정의 내적 경험을 쌓는 데도 아주 큰 영향을 미칩니다. 예를 들어 '짜증 난다'라는 감정도 이면에는 또 다른 감정들이 겹겹이 쌓여 있을 것입니다. 왜 짜증이 났는지 구체적으로 적다 보면 그런 감정들까지도 인식하고 이름 붙이는 것이 가능합니다.

　　두 번째는 '감정의 수치화'입니다. 이 역시 감정을 좀 더 구체적으로 인식하기 위한 수단입니다. 감정 라벨링 후 해당 감정의 강도를 1부터 10까지의 숫자로 표현하는데, 가장 약한 감정은 1점으로, 가장 강한 감정은 10점으로 표기하는 것입니다. 이런 식의 기록은 감정의 강도가 시간이 경과함에 따라 어떻게 변하는지 추적하면서 보다 깊은 이해를 끌어냅니다.

예를 들어 오늘 고등학교 동창을 만났는데 자신의 재력을 자랑하면서 나를 은근히 무시하는 태도가 짜증이 났다면 그 감정의 수치가 어느 정도였는지 함께 적어보세요. 친구를 만나는 동안에 짜증의 수치가 '3점' 정도였는데 집에 와서 다시 그 상황을 복기하면서 무시당한 기분이 강화되면 짜증의 수치는 '8점'으로 올라갈 수도 있습니다. 그러다가 다음 날 비슷한 경험을 한 회사 동료들과 이야기를 나누면서 '2점'으로 줄어든다면 나의 감정 변화 패턴이 한눈에 파악되겠죠. 당연히 감정을 관리하는 데 도움이 될 것입니다.

감정일기는 처음 쓸 때는 번거롭고 힘들 수 있지만 며칠만 써보면 플래너로 일정 관리하는 것보다도 쉽습니다. 무엇보다 나를 알아가는 재미에 빠지면서 나만의 소소한 행복을 누릴 수도 있을 테니 망설이지 말고 실천해 보기를 추천합니다.

여섯_
# 슬픔에도 시간이 필요하다

왜 나이가 들수록 시간은 빨리 흐르고 감정은 무뎌질까요? 어른이 되면 세상은 점차 익숙한 곳이 되어가고 반복적인 경험은 쌓이게 마련입니다. 그만큼 새롭게 인식하는 정보의 양이 줄어들어 시간의 흐름이 더욱 빠르게 느껴지는 것이죠. 하지만 상실로 인한 슬픔은 나이가 들수록 더 강한 진동을 남깁니다. 사랑하는 가족, 연인, 건강과 직장… 우리는 삶의 근간을 뒤흔드는 수많은 상실을 경험하게 됩니다. 인간의 삶 자체가 상실의 연속이죠. 다만 어른이 되어 상실의 경험이 잦아진다고 해서 그 슬픔의 강도가 줄어들지는 않습니다. 그래서 상실로 인한 슬픔과 애도의 고통은 인간의 취약성을 가장 잘 드러낸다고 알려져 있습니다. 이때의 취약성은 일상의 무너짐과 연관됩니다. 그러나 한편으로 상실은 죽음처럼 절대 피할 수 없는 경험이기도 하죠. 고통스럽지만 마주해야 하며 그 아픔에 응답해야 합니다. 이러한 슬픔의 내면화 과정을 '애도'라고 합니다.

그런데 요즘 사람들은 상실의 슬픔마저도 온전히 느끼고 드러내는 것을 주저합니다. 상실과 애도를 부정적인 감정이자 행위라고 간주하면서 극복해야 할 무언가, 이겨내야 할 무언가로 여기기 때문입니다. 심지어는 슬퍼할 가치가 있는지를 따져서 애도조차도 선택적으로 경험하려 하죠. 남들에게 보여주고 싶은 것만 선택해서 공유하는 SNS 속 삶에 익숙해졌기 때문일까요?

프로이트는 자신의 논문 「애도와 우울증」에서 애도는 '산 자가 떠나보낸 자에 대한 감정적 애착을 단절하는 일'이라고 정의했습니다. 다소 비정하지만 그렇게 해야만 산 자는 죽은 이에게 쏟았던 생의 에너지를 자신에게 되돌려 다시 삶을 이어나갈 수 있습니다. 그렇다면 이러한 애도의 과정을 거부하거나 외부의 방해로 충분히 거치지 못하면 어떻게 될까요? 죽은 이에 대한 원망과 죄책감을 놓지 못한 채 결국 자신을 공격하게 됩니다. 상실된 대상이 더 이상 존재하지 않는다는 사실을 받아들이지 못하거나 그에 대한 자신만의 의미 부여가 부정당했을 때는 깊은 우울증에 빠지기도 하고요.

그렇다면 애도는 어떤 과정을 거쳐서 수용의 단계에 이를까요? 애도는 일반적으로 '부정-분노-타협-우울-수용'이라는 5단계의 과정을 거칩니다. 첫 번째는 '부정'의 단계입니다. 소중한 대상을 잃어버렸다는 사실을 인정하지 못하고 부정함으로써 나를 지키려고 하는 것이죠. 일종의 방어기제가 발동한 상황입니다. 두 번째는 '분노'의 단계입니다. 부정의 단계를 지나 시간이 좀 더 흐르면 서서히 현실이 파악되면서 화를 주체할 수 없습니다. 도대체 왜 나한테 이런 일이 일어났냐면서 울분을 토하거나 누군가를 원망합니다. 세 번째는 '협상과 타협'의 단계입니다. 잃어버린 대상을 향한 집착을 버릴 수 없기에 신에게 기도하거나 자신의 삶을 바꾸겠다는 약속도 해봅니다. 하지만 이내 불가능한 일임을 깨닫고 네 번째 단계인 '우울'에 빠집니다.

깊은 슬픔 속에서 절망에 빠져 무기력한 하루하루를 보내게 됩니다. 그렇게 바닥까지 내려간 후에야 비로소 마지막 단계인 '수용'에 이를 수 있습니다. 너무나 고통스러워 받아들일 수 없었던 상실과 부재의 상황을 그제야 현실로 받아들이고 전과 같은 삶을 살아가는 것입니다.

사람에 따라서는 이 과정을 모두 거치지 않을 수 있으며 순서가 달라지기도 하고, 두 단계를 동시에 경험하기도 합니다. 중요한 것은 부정, 분노, 타협까지는 대부분이 도달하는 감정이지만 우울을 지나 수용으로 가는 과정은 아주 어렵고 누구에게나 가능한 단계가 아니라는 점입니다. 그렇기에 우리는 더더욱 우울한 감정을 회피하지 말고 마주해야 합니다. 그 감정을 피하면 피할수록 애도의 과정은 더 길어지고 괴로움도 깊어질 뿐입니다. 당연히 인간관계를 포함한 삶의 영역은 점점 더 좁아지겠죠.

인간이 살면서 겪는 가장 괴로운 감정들을 내밀하게 경험할 수 있는 애도의 모든 과정은 소중합니다. 부정하고 분노하다가 우울해하면서 절망의 바닥을 딛고 결국에는 수용함으로써 새로운 삶의 에너지를 얻게 되는 이 과정을 충분히 겪어야만 스스로 치유하는 힘을 지니게 됩니다. 임의로 단계를 뛰어넘고 내가 원하는 감정만 선택해 느낄 수는 없습니다. 이 당연한 과정을 받아들여 당신이 경험할 애도의 시간이 너무 괴롭지는 않았으면 좋겠습니다.

일곱_
# 잘 지내려면 잘 보이려 하지 마라

아이러니하게도 우리가 경험하는 대다수의 관계는 가까워지기 위해 애쓰고 집착할수록 멀어집니다. 친구나 연인, 심지어 가족이라도 마찬가지죠. 자주 연락해서 만나고 잘해주면 친밀감은 빨리 쌓을 수 있지만, 그 관계가 성숙하게 지속되려면 서로에게 의존적이지 않아야 하며 지나치게 잘 보이기 위해 애쓰지 않아야 합니다. 인간관계에서는 '내가 잘할수록 좋아진다'의 공식이 통하지 않죠.

그렇다면 무엇을 중시해야 관계에서 상처받지 않고 충분한 만족감을 느낄 수 있을까요? 최고의 방법은 '자연스러운 나를 보여주는 것'입니다. 인간관계의 근본 원리는 '무의식적인 상호작용'이기 때문에 의식적으로 잘 보이려고 노력하고 또 그런 나를 상대방이 좋게 여기면서 지속되는 것이 아닙니다. 그보다는 성격이나 가치관을 비롯해서 개인이 지닌 특유의 매력이 무의식적인 끌림으로 작용해서 관계가 형성되고 유지된다고 보는 편이 맞습니다.

즉 관계란 나 혼자서 통제할 수 없는 영역이며, 노력한다고 극복할 수 있는 부분도 아닌 것이죠. 그래서 서로 끌리는 사람들끼리 자연스럽게 관계가 맺어지고 이어지는 것입니다. 그런데 대개는 관계를 도화지에 그림 그리듯이 만들어나가려고 합니다. 그러다 보면 어느 순간 내가 이만큼 잘하면 그도 나를 좋아해 줄 거라는 이상한 믿음을 지니게 되는데, 상대방은 전혀 그렇지 않을 수 있습니다. 내가 노력해서 이어진 관계는 내가 상대의 뜻에 순응하지 않고 나의 주장을 펼치기 시작하면 금세 틀어지기도 합니다. 슬프지만 이런 경우, 상대방은 나를 좋아했던 게 아니라 나의 행동을 좋아했던 거라고 볼 수 있습니다.

그런데 우리는 오히려 나를 불편하게 하는 사람에게

더 많은 신경을 쓰고, 때로는 더 잘해주려고 노력합니다. '도대체 나한테 왜 저러는 거지? 나를 싫어하는 건가?'라는 의구심이 들고 불쾌감도 들지만, 어느새 나의 신경은 온통 그 사람에게 쏠려 있습니다. 회사에서도 나를 함부로 대하는 상사나 선을 넘는 후배에게 더 민감하게 반응하고 심지어 더 잘 보이려고 애쓰는 것처럼요.

사실은 나를 불편하게 하는 사람은 배제하고 아예 신경 쓰지 않으면 됩니다. 그런데 왜 우리는 자꾸 반대로 행동하게 될까요? 내가 잘하면 관계가 좋아질 수 있을 거라는 생각 때문입니다. 이런 착각은 나를 싫어하는 사람이 있다는 것을 받아들일 수 없고, 있다고 해도 나를 좋아하게 만들 수 있다고 믿는 데서 비롯됩니다. 주변의 관심과 사랑에 대한 결핍감이 큰 사람일수록 인정과 존중에 집착하면서 자신의 에너지 중 상당 부분을 관계 유지에 쏟곤 합니다. 그러나 상대는 당신의 노력에도 아랑곳하지 않고 오히려 그걸 이용하려 들 가능성이 크죠.

이런 관계의 악순환에 빠지지 않기 위해서는 '자기 경계'를 설정하는 것이 중요합니다. 사실 경계는 사람에 따라 그 범위와 쓰임이 다르기 때문에 정의하기가 애매합니다.

다만 자아가 생길 무렵 부모를 비롯한 외부 세계와 갈등을 겪으면서 경계가 형성된다고 볼 수 있습니다. 이 단계를 '자아 분화'라고 합니다. 분화는 말 그대로 독립된 하나의 개체가 된다는 의미로, 이때 자아 정체성이 제대로 성립되지 않으면 성인이 되어서도 의존적인 성향이 강화됩니다.

반면에 자아 정체성이 확립되면 자신과 타인의 경계가 저절로 생기고 그것이 명확할수록 경계도 뚜렷해집니다. 그래서 자기 경계를 설정한다는 것은 자아를 견고하게 정립하는 것을 의미합니다.

이러한 내적 경험에 관심을 기울이는 것은 정말 중요합니다. 실제로 내적 경험을 잘 관리해 온 사람들은 목소리를 크게 내지 않고 강압적인 모습을 보여주지 않아도 함부로 대할 수 없는 특유의 분위기를 갖고 있습니다. 자아가 견고한 사람들의 경계는 쉽게 허물어지지 않습니다. 우리가 일명 '부드러운 카리스마'라고 일컫는 오라를 지닌 이들을 살펴보면 남을 의식하는 눈이 어딘가 여유롭지 않던가요? 이들을 따라 한답시고 상대의 말에 잘 대꾸하지 않는다거나 눈을 잘 맞추지 않는다거나 하는 방법을 쓰는 건 오히려 악순환만 불러일으킬 뿐입니다. 정말 바보 같은 짓입니다. 그저 내가 저 사람에게 무조건 잘 보여야 한다는 생각만 거둬내 보세요. 저는 이 방법이 더 쉬워 보이는데, 여러분은 어떠신가요.

여덟_
# 지금 여기에 살아야 하는 이유

할 수 있을 때 장미 봉오리를 모으라

시간은 계속 달아나고 있으니

그리고 오늘 미소 짓고 있는 이 꽃이

내일은 지고 있으리니

카르페 디엠. 오늘을 살아라.


영화 「죽은 시인의 사회」에서 키팅 선생 역할을 맡은 로빈 윌리엄스(Robin Williams)가 부임 첫날 학생들에게 들려준 말입니다. 이 영화는 미국의 한 명문 학교에 새로 부임한 선생님이 오로지 부모가 정해준 목표를 위해 공부하는 학생들에게 삶의 진정한 가치를 일깨워 주는 시대의 명작입니다. 1990년도 작품이라 이제는 고전이 되었지만 영화 제목만 떠올려도 여전히 가슴이 뜨거워지곤 합니다.

이 영화를 모르시는 분들도 '카르페 디엠(Carpe diem)'이라는 글귀의 뜻은 다 알고 계실 것입니다. 이제는 전 세계적인 유행어가 되었으니까요. '오늘을 살아라', '오늘을 잡아라', '오늘을 즐겨라' 등 여러 가지 버전으로 해석되는데, 중요한 것은 '오늘'입니다. 과거와 미래가 아닌 바로 지금, 여기의 삶을 강조하는 말이죠.

과연 우리는 오늘의 삶을 잘 살아가고 있을까요? 안타깝게도 대개는 계속해서 과거를 돌아보며 후회하거나 끊임없이 미래를 걱정하며 살아갑니다. 물론 현재는 과거와 미래가 있기에 존재합니다. 내담자들과 상담하다 보면 많은 사람이 과거 이야기에 집중합니다. 트라우마로 남은 과거의 기억, 그때의 생각과 감정에 관해 이야기하는 데서 묘한 편안함을 느낍니다. 그럴 때 저는 그들이 지금, 여기에서 느끼는 감정과 생각부터 말할 수 있도록 돕는 역할을 합니다. 현재는 일정 부분 과거의 이야기에서 시작되는 것이 맞지만 우리가 감정을 돌보기 위해서는 언제나 시작 지점이 현재여야 합니다. 지금의 불안하고 초조한 마음에 먼저 집중한 뒤, 그 이유를 찾는 과정에서 과거로 잠시 돌아가 보는 것뿐입니다. 지금 나의 마음을 지배하는 감정이 무엇이며 그것이 왜 나를 불편하게 하는지 찬찬히 살피다 보면 과거의 일들이 자연스럽게 떠오르기 마련입니다.

그럼 지금 이 순간의 나에게 집중하기 위해 자아는 어떤 역할을 해야 할까요? 자아의 기능 중 하나가 현실을 검증하는 것입니다. 현실 감각이 떨어지는 사람들은 자아가 불안정해서 외부 세계와 내부 세계를 정확하게 인식하는 능력이 부족하죠. 이들은 상상 혹은 바람과 외부 세계인 현실의 간극을 명확히 파악하지 못합니다.

또한 이드(id)와 초자아(superego) 사이에서 균형 감각을 찾지 못한 채 한쪽으로 치우치는 경향이 있습니다. '이드'는 도덕·선악·논리적 사고가 존재하지 않는 태초의 본능이며, '초자아'는 개인의 도덕성과 양심을 대표하는 심리적 기관입니다. 이드와 초자아의 균형을 유지하는 역할을 담당하는 것이 바로 자아죠. 자아가 제 기능을 발휘해야 우리는 비로소 내가 서 있는 세계와 나라는 인물을 선명히 인식할 수 있습니다. 물론 과거도 미래도 아닌 지금의 나와 나를 둘러싼 세계를요.

그렇기에 우리는 오늘, 이 시간의 내가 느끼는 감정의 섬세한 면면을 살피며 계속해서 '자아'를 만들어가야 합니다. 날마다 '카르페 디엠'을 되뇌며 지금, 여기에서 나의 삶을 인식하기 위해 노력해야 합니다. 질투 많은 오늘이라는 시간을 잡기란 쉽지 않으니까요.

우리가 말하는 동안에도
질투 많은 시간은 이미 흘러갔을 것
내일을 최소한만 믿으며, 오늘을 살아라.
_퀸투스 호라티우스 플라쿠스(Quintus Horatius Flaccus)의 「송시」 중에서

# '그냥 그렇다'라는 마음으로

'그냥 그렇다.'

제가 자주 쓰는 표현 중 하나입니다. 아무 감정 없는 상태라는 게 아니라 있는 그대로의 마음을 살피기 위한 준비 상태 정도라 할 수 있겠네요. 기쁨과 슬픔 그리고 실망과 좌절도 담담하게 받아들이기 위한 시작 단계입니다. 삶은 우리가 기대하는 것처럼 늘 유쾌하고 행복하지 않습니다. 우리가 현실의 삶에 좀처럼 집중하지 못하는 이유도 행복하지 않은 순간의 고통을 회피하고 싶기 때문일 겁니다. 그래서 저는 모든 순간에 너무 큰 기대를 걸지 않기로 마음먹었습니다. 그러니까 '나는 반드시 행복해야 해!'라는 강박에서 벗어나 '그냥 그렇다'의 마음가짐을 갖는 것은 오늘을 온전히 살아가기 위해 딱 좋은 태도이기도 하죠. 어떻게 삶이 늘 즐겁고 행복하기만 하겠어요. 그러니 조금 편안한 마음으로 내 안의 감정들이 지닌 긍정적이고도 부정적인 양면성을 매 순간 느껴보길 추천합니다. 영원히 지속되는 감정 같은 건 없으니까요.

'그냥 그렇다'라는 마음가짐으로는 삶을 치열하게 살수 없지 않냐고 반문할 수도 있습니다. 하지만 나의 감정에 충실하면 자연스럽게 자아가 견고해지면서 비로소 나의 삶을 잘 꾸려보고 싶은 건강한 욕구가 찾아옵니다. 그건 타인과의 비교에서 비롯된, 혹은 강요된 욕구와는 차원이 다른 에너지가 되어주죠.

장작불을 피울 때 불에다가 지푸라기를 던지면 순간불이 활활 타오릅니다. 그러나 그 불길은 이내 사그라들고 말죠. 남들에게 보여지는 성공을 위한 에너지도 마찬가지입니다. 처음에는 대단한 화력을 뿜어낼 수 있지만 금세 꺼지고 맙니다. 묵직한 땔감 없이 꺼지지 않는 불길은 불가능합니다. 땔감에 불이 붙기까지는 시간이 꽤 걸리겠지만 지푸라기와는 비교도 할 수 없을 정도로 오래오래 타오를 겁니다.

이 책을 통해 여러분이 그런 묵직한 땔감을 여럿 발견할 수 있었기를 바랍니다. 햇볕에 잘 말린 장작처럼 단단한 내면을 가꿀 용기 또한 얻었기를 바랍니다. '그냥 그렇다'라는 마음으로 나에게 찾아오는 수없이 다양한 감정들을 오래도록 만끽할 수 있기를 진심으로 바랍니다.

# 정신과 의사 정우열의 감정수업

**초판 1쇄 인쇄** 2025년 2월 4일
**초판 1쇄 발행** 2025년 2월 13일

**지은이** 정우열
**펴낸이** 김선식

**부사장** 김은영
**콘텐츠사업본부장** 박현미
**기획편집** 백지윤 **디자인** 황정민 **책임마케터** 오서영
**콘텐츠사업4팀장** 임소연 **콘텐츠사업4팀** 황정민, 박윤아, 옥다애, 백지윤
**마케팅1팀** 박태준, 권오권, 오서영, 문서희
**미디어홍보본부장** 정명찬
**브랜드홍보팀** 오수미, 서가을, 김은지, 이소영, 박장미, 박주현
**채널홍보팀** 김민정, 정세림, 고나연, 변승주, 홍수경
**영상홍보팀** 이수인, 염아라, 석찬미, 김혜원, 이지연
**편집관리팀** 조세현, 김호주, 백설희 **저작권팀** 성민경, 이슬, 윤제희
**재무관리팀** 하미선, 임혜정, 이슬기, 김주영, 오지수
**인사총무팀** 강미숙, 이정환, 김혜진, 황종원
**제작관리팀** 이소현, 김소영, 김진경, 최완규, 이지우
**물류관리팀** 김형기, 김선진, 주정훈, 양문현, 채원석, 박재연, 이준희, 이민운

**펴낸곳** 다산북스 **출판등록** 2005년 12월 23일 제313-2005-00277호
**주소** 경기도 파주시 회동길 490 다산북스 파주사옥 3층
**전화** 02-702-1724 **팩스** 02-703-2219 **이메일** dasanbooks@dasanbooks.com
**홈페이지** www.dasanbooks.com **블로그** blog.naver.com/dasan_books
**용지** 스마일몬스터 **인쇄 및 제본** 한영문화사 **코팅 및 후가공** 평창피앤지

ISBN 979-11-306-6338-8 (03180)

다산북스(DASANBOOKS)는 책에 관한 독자 여러분의 아이디어와 원고를 기쁜 마음으로 기다리고 있습니다.
출간을 원하는 분은 다산북스 홈페이지 '원고 투고' 항목에 출간 기획서와 원고 샘플 등을 보내주세요.
머뭇거리지 말고 문을 두드리세요.